C.H.BECK WISSEN

Im Oktober 1924 veröffentlichte André Breton das Erste Manifest des Surrealismus – damit entstand vor 100 Jahren eine der wichtigsten europäischen Kunstrichtungen. Obwohl heute vor allem mit bildenden Künstlern wie René Magritte, Salvador Dalí oder Max Ernst assoziiert, wirkte der Surrealismus genauso auch in der Literatur richtungsweisend – war doch der Begründer selbst ein Dichter und Schriftsteller, der mit Weggefährten wie Paul Éluard und Louis Aragon metaphernreiche Lyrik und gesellschaftskritische Prosa verfasste. Der Surrealismus zeichnet sich insbesondere durch seine Vielgestaltigkeit aus, sei es in Wort und Bild, Film oder Fotografie. Der vorliegende Band beleuchtet das ganze Spektrum und geht dabei auch auf die Biographien der Künstlerinnen und Künstler ein. Denn für sie galt: Kunst und Leben sind eins!

Andreas Puff-Trojan ist Professor für Allgemeine und Vergleichende Literaturwissenschaft an der Ludwig-Maximilians-Universität München. Zu seinen Forschungsschwerpunkten gehören die deutschsprachige und französische Literatur des 19. Jahrhunderts bis zur Gegenwart.

Andreas Puff-Trojan

DER SURREALISMUS

Kunst, Literatur, Leben

C.H.Beck

Mit 25 Abbildungen

Originalausgabe

www.chbeck.de
Reihengestaltung Umschlag: Uwe Göbel (Original 1995, mit Logo), Marion Blomeyer (Überarbeitung 2018)
Umschlagabbildung: Salvador Dalí, *Hummer-Telephon oder Aphrodisisches Telefon*, 1936, © Salvador Dalí, Fundació Gala-Salvador Dalí/VG Bild-Kunst, Bonn 2024/
Foto: akg-images
Satz: Fotosatz Amann, Memmingen
Druck und Bindung: Druckerei C.H.Beck, Nördlingen
Printed in Germany
ISBN 978 3 406 82276 6

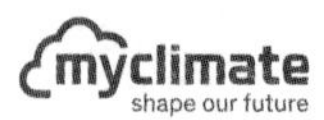

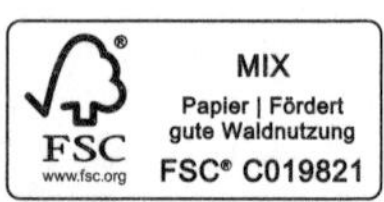

verantwortungsbewusst produziert
www.chbeck.de/nachhaltig

Inhalt

Einleitung: «le merveilleux» – das Wunderbare

Manche Begebenheiten nennen wir «surreal», ein Candle-Light-Dinner hingegen «romantisch». Die Begriffe haben an sich nichts mit den Kunstbewegungen Romantik und Surrealismus zu tun. Doch so ganz stimmt das nicht. Sur-real ist etwas, das irgendwie über das Reale hinausreicht. Und das merkt man sogleich beim französischen «surréalisme». Dem «réalisme» ist die Präposition «sur», ein «über» vorangestellt, man will also über das gängige Reale hinausschreiten. Die Surrealisten übersteigen in ihren Werken das Reale der Vernunft und des Verstandes, indem sie etwa die Traumebene, das Unbewusste und das Unterbewusste beleuchten.

Die künstlerische Moderne des 20. Jahrhunderts ist ohne die Avantgarde-Formationen Futurismus, Dadaismus und Surrealismus nicht vorstellbar. Die Gemälde surrealistischer Künstler wie Max Ernst, Salvador Dalí oder René Magritte erzielen heute auf den Kunstmärkten Höchstpreise. Sammler legen gerne eine zweistellige Millionensumme in Euro für ein Werk dieser Maler auf den Tisch. Literarische Werke vor allem von André Breton und Louis Aragon sind in viele Sprachen übersetzt worden. Originalausgaben sind auf dem Antiquariatsmarkt gesuchte und oft teure Objekte. Gut besuchte Surrealismus-Ausstellungen in den großen Museumshäusern der Welt unterstreichen diese Tendenz, wobei es aufgrund der enormen Versicherungssummen der Bilder zusehends schwieriger wird, solche Expositionen zu realisieren. Man kann das Ironie des Schicksals nennen. Denn die Surrealisten waren allesamt antikapitalistisch eingestellt, viele von ihnen liebäugelten mit dem russischen Kommunismus, manche wurden zu strikten Parteigängern. Dies ist allerdings den Zeitumständen geschuldet. Die Ära des Surrealismus reicht von 1924 bis zum Ende der 1930er

Jahre. Bei Beginn des Zweiten Weltkriegs emigrierten viele der Künstler. Geboren wurden sie meist in den letzten Jahren des 19. Jahrhunderts. Den Ersten Weltkrieg erlebten sie als Horrorszenario, an dem die kapitalistische Weltordnung die Hauptschuld trug. Mit Marx, Engels und Lenin im Marschgepäck schien der Kommunismus russischer Prägung der Ausweg zu sein. Für viele war es wohl die bitterste Lebenserkenntnis, als Stalin zu einem der blutigsten Diktatoren der Weltgeschichte avancierte.

Etwas ganz Spezifisches unterscheidet den Surrealismus von Futurismus und Dadaismus. Während die Futuristen die Zerstörung von Museen, Theatern und Bibliotheken forderten, um künstlerisch bei einer Stunde null beginnen zu können, während die Dadaisten in ihren Manifesten und bei ihren Skandalaufführungen das Bürgertum samt seinem traditionellen Kunstverständnis in den Boden stampften, waren die Surrealisten – etwas überspitzt gesagt – Traditionalisten. Bereits im ersten *Surrealistischen Manifest*, das im Oktober 1924, also vor hundert Jahren, erschien, führt Breton eine ganze «Ahnengalerie» von Künstlern an, die der surrealistischen Bewegung vorangingen. Das Gleiche gilt für die Malerei. Man durchsuchte förmlich die Kunstgeschichte – auch die außereuropäische –, um surrealistische Elemente zu finden und zu dokumentieren. Das heißt: Die selbstbewusste Aneignung von Tradition ist ein Markenzeichen des Surrealismus. Doch noch etwas ist wichtig: Der Surrealismus ist nicht nur eine Kunstrichtung, sondern auch eine Lebenshaltung. Das gemeinsame Umherschweifen in Paris, Diskussionen und unzählige Treffen in Cafés sollten die Gruppe zusammenschmieden. Man wollte ein anderes, neues Leben führen, eines, das sich der Traumebene nicht verschließt, eines, das im Alltag das «Wunderbare» («le merveilleux») zu finden versteht. Dazu gehörte auch die Liebe, ganz besonders die zwischen Mann und Frau. Die Frau war für die Männer im Surrealismus Geliebte und «femme inspiratrice», also Muse. Dass es nicht wenige Künstlerinnen gab, wird in vielen Darstellungen zur Nebensache erklärt. Das soll in diesem Band im Ansatz korrigiert werden.

Paris war das Zentrum der Surrealisten. Doch es gab auch andere Orte des Geschehens: Brüsseler Künstler um René Magritte, das Prag der 1930er Jahre mit Toyen (eigentlich Marie Čermínová) und Karel Teige an der Spitze. Im deutschsprachigen Raum schlug die Stunde des Surrealismus erst nach 1945. 1950 gaben die *Surrealistischen Publikationen* den Startschuss, herausgegeben von Max Hölzer – Lyriker und Übersetzer – und dem Maler Edgar Jené. Beide hatten Kontakte nach Paris, vor allem zu Breton. Im selben Jahr erschien auch Alain Bosquets Anthologie *Surrealismus 1924–1949. Texte und Kritik*. Ab da lassen sich fortlaufend Spuren surrealistischer Kunstauffassung finden, etwa bei Paul Celan, Ernst Jünger oder Friederike Mayröcker. Maler wie Rudolf Schlichter oder Richard Oelze zeigen in ihren Bildern starke surrealistische Einflüsse, ganz zu schweigen von der «Wiener Schule des Phantastischen Realismus» um Ernst Fuchs und Rudolf Hausner. Auch deutsche Philosophen wandten sich in ihren Analysen dem Surrealismus zu. Walter Benjamin untersuchte in seinem Essay *Der Sürrealismus. Die letzte Momentaufnahme der europäischen Intelligenz* die literarische Qualität der Bewegung. Und Theodor W. Adorno fragte in seinem Aufsatz *Rückblickend auf den Surrealismus* nach der Bedeutung surrealistischer Kunst- und Lebensauffassung. In Kunst und Literatur der Gegenwart werden immer wieder Elemente des Surrealismus aufgegriffen. Damit ist er fester, unumstößlicher Teil der Kunst- und Literaturwelt.

Surrealismus avant la lettre – Dada Paris und das «Automatische Schreiben»

Im Februar 1919 gründeten Aragon, Breton und Philippe Soupault die Zeitschrift *Littérature*. Die letzte Nummer erschien im Juni 1924. Das erste Heft zeigt, wie es um die jungen Autoren stand: Neben Beiträgen der späteren Surrealisten Aragon, Breton und Pierre Reverdy gab es solche von André Gide, Max Jacob, Jean Paulhan und Paul Valéry – also von anerkannten Größen des französischen Literaturbetriebs. Breton, der früh Kontakt zu Valéry aufgenommen hatte und eigentlich Arzt werden wollte, hatte Aragon in der Ausbildung zum Hilfsarzt während des Ersten Weltkriegs kennengelernt. In dieser Zeit kam Breton auch mit den Schriften von Jean-Martin Charcot in Berührung. Der Pathologe und Neurologe wurde auch durch seine Hysteriestudien bekannt. Ab 1885 studierte Sigmund Freud bei Charcot. Die Bedeutung von Freuds *Traumdeutung* und seiner Studien zum Unbewussten für die späteren Surrealisten ist kaum zu überschätzen. 1921 besuchte Breton Freud in Wien, was auch in *Littérature* dokumentiert wurde. Die Begegnung mit dem Begründer der Psychoanalyse war für Breton allerdings eine Enttäuschung: Sie redeten aneinander vorbei.

Die jungen Autoren der Zeitschrift *Littérature* befanden sich in einem Dilemma: Sie suchten nach neuen literarischen Wegen und wurden dabei von bereits arrivierten Literaten gefördert. Da bot sich ein Ausweg in Gestalt von «Dada» an, gegründet 1916 in Zürich. Vor allem der gebürtige Rumäne Tristan Tzara (eigentlich Samuel Rosenstock) war rühriger Werbemanager der neu entstandenen Bewegung. Er streckte seine Fühler in alle Richtungen aus, um Dada zu promoten – so auch nach Paris. Im Dezember 1918 erschien die in Zürich gedruckte Zeitschrift *Dada 3*, in der u. a. Gedichte von Reverdy und Soupault zu finden sind. Rund fünf Monate später konnten dann Aragon und

Breton in *Dada 4–5/Anthologie Dada* lyrische Texte veröffentlichen.

Dada Zürich war eine Gründung von Exilanten gewesen, die damit der Wehrpflicht im Ersten Weltkrieg entgingen: Hans Arp kam aus Straßburg, Hugo Ball, Emmy Hennings, Richard Huelsenbeck und Walter Serner kamen aus Deutschland; allein Sophie Taeuber hatte die schweizerische Staatsbürgerschaft. Nach Ende des Krieges löste sich diese Avantgarde-Formation daher auf. Tzara, der über gute Französischkenntnisse verfügte, zog es nach Paris, und er wurde dort von den jungen Autoren des *Littérature*-Kreises enthusiastisch empfangen. Dies ist die Geburtsstunde von Dada Paris. Doch zugleich zeigt sich auch ein Widerspruch: Der Vollblutdadaist Tzara propagierte die «Anti-Littérature», das heißt das Ende aller überkommenen Gattungen und Vorstellungen von Dichtung. Die jungen Autoren um die Zeitschrift *Littérature* wollten sich mittels Dada von ihren «Vätern» wie Gide oder Valéry befreien. Aber so ganz ohne Literaturtradition wollten sie auch wieder nicht sein. Das zeigt sich etwa in der (Wieder-)Entdeckung der *Gesänge des Maldoror* des Comte de Lautréamont (eigentlich Isidore Lucien Ducasse). Der junge Autor verstarb mit nur 24 Jahren und blieb weitgehend unbekannt. Soupault entdeckte zufällig ein Exemplar der Ausgabe von 1874 und schrieb mit diesem Fund surrealistische Literaturgeschichte. Denn die zukünftigen Surrealisten – damals eben noch Dadaisten! – sahen in Lautréamont und seinen Prosagesängen einen wichtigen Ahnen. Schwarze Romantik, Assoziationsdichte, sprachliche Halluzinationen und Radikalmetaphern wiesen ihnen den Weg. Berühmt ist Lautréamonts Bild aus dem Sechsten Gesang geworden, nämlich «die unvermutete Begegnung einer Nähmaschine und eines Regenschirms auf einem Seziertisch». Sich ein solches Sprachbild vorzustellen, erfordert eine hohe Imaginationskraft. Nur: Das alles hat mit dadaistischer «Anti-Littérature» wenig zu tun.

Ihre Gemeinschaftsarbeit *Les champs magnétiques (Die magnetischen Felder)* veröffentlichten Breton und Soupault von Oktober bis Dezember 1919 in *Littérature*, 1920 erschien sie als Buch. Hier wird ein für den Surrealismus äußerst wichtiges

Schreibverfahren eingeführt: die «écriture automatique», das «Automatische Schreiben». Im ersten Manifest des Surrealismus, also vier Jahre später, ist für Breton das Automatische Schreiben ein «reiner psychischer Automatismus», ein «Denkdiktat ohne Kontrolle der Vernunft». Die beiden Autoren verfassten die einzelnen Prosatexte und Gedichte teilweise allein, teilweise gemeinsam; beim Kapitel «Barrieren» saßen sie «einander gegenüber, und es war wie ein Frage-und-Antwort-Spiel», erinnert sich Soupault. Beide versuchten zudem beim Verfassen, verschiedene Schreibgeschwindigkeiten anzuwenden, dadurch variierten die Abstände zwischen den Gedankenbildern und deren Verschriftlichung. Das Schreiben ohne Bewusstseinskontrolle – etwa bei Geisteskranken – erlaubt dem Unbewussten einen direkten schriftlichen Niederschlag. Im Übrigen kannte Breton das Buch *L'Automatisme psychologique* (1889) des Psychiaters Pierre Janet. *Die magnetischen Felder* bilden starke Metaphern, eine breite Bildlichkeit durch Ideenassoziation aus. Dadurch entsteht, wie Breton meinte, das «Wunderbare» («le merveilleux»). Die Zündung eines bildlichen poetischen Funkens erregt die Sinne und den Geist. Etwa: «Wer wird diese Alpträume zerstreuen, die immer wiederkehren? Die enttäuschten Fliegen sind still geworden, und der sicherste Gefährte ist dieser Steinhaufen, der die Straße befestigt. Man kann also nicht mehr wissen, welches Verbrechen dieser Mann begangen hat, der beim Klang der gestirnten Lieder tief schläft. Die Träume halten sich bei der Hand: Kleider geschundener Frauen, Seufzer totgehungerter Vögel, Schreie der Holzschiffe, Tiefe der Unterwasser-Abgründe.» Oder: «Die Nachbarn der Einsamkeiten beugten sich und die ganze Nacht hörte man das Pfeifen der Straßenlaternen. Das launische Haus verliert sein Blut. Wir alle lieben die Feuersbrünste». Das Assoziative, das Traumhafte dominiert in solchen Texten. Doch wie man einen Traum deutet, so sucht man in den *Magnetischen Feldern* den verborgenen Sinn des Gelesenen. Das Automatische Schreiben hat sicher einiges gemeinsam mit Freuds Technik der freien Assoziation, doch die bei Freud im Fokus stehenden verdrängten traumatischen Gefühle werden bei den Surrealisten geradezu als positives Merkmal einer

Traumebene angesehen, auf der sich die Träumenden der Kontrolle des Verstandes entziehen. Das Automatische Schreiben hat auch eine Nähe zum «stream of consciousness», zum Bewusstseinsstrom, wie ihn James Joyce oder Virginia Woolf angewandt haben. Aber die anscheinend unkontrollierte Abfolge von Bewusstseinsinhalten hat das Unbewusste nicht dezidiert im Blick. Die Methode des Automatischen Schreibens gab es in Ansätzen allerdings schon in Dada Zürich. Arp, Serner und Tzara veröffentlichten derartige kleinere Texte in der «Geheimgesellschaft zur Nutzung des dadaistischen Vokabulars». Doch eine systematische Auseinandersetzung sollte erst bei den französischen Dadaisten und späteren Surrealisten stattfinden. Noch eine kleine Bemerkung: Man hat Breton und Soupault vorgeworfen, dass sie die Texte, die durch das Verfahren des Automatischen Schreibens gewonnen wurden, später redigiert haben – hinsichtlich Orthographie und logischer Satzstruktur. Auch kleinere inhaltliche Berichtigungen sollen mit Blick auf die Verständlichkeit der Texte vorgenommen worden sein. Man darf aber nicht vergessen, dass die *Magnetischen Felder* nicht bloß Protokolle des Unbewussten oder von Traum- und Trancezuständen liefern, sondern eben auch ein literarisches Dokument sind. Sie sind Ausweis einer neu entstandenen Literaturform.

Die Nähe zwischen Dada und Surrealismus zeigt sich auch in der bildenden Kunst. Hans bzw. Jean Arp wuchs als gebürtiger Elsässer zweisprachig auf. Als «peintre-poète» verfasste er seine Gedichte und Kunstbetrachtungen auf Deutsch und Französisch. Was die bildende Kunst betrifft, folgten seine Malerei, Zeichnungen, Holzschnitte und Skulpturen abstrakten Formen. Im Surrealismus wurden diese allerdings weicher, runder, so dass man beim Abtasten einer Figur das Gefühl hat, es mit einem abstrakten Traumgebilde zu tun zu haben. Max Ernst gründete 1919 (gemeinsam mit Johannes Baargeld) die kleine Dada-Filiale in Köln. Arp war dabei, wenn man so will, korrespondierendes Mitglied, beide Künstler kannten sich bereits seit 1914. Über Arp lernte Ernst Breton kennen, der 1921 für den deutschen Künstler eine Ausstellung in Paris organisierte. Mit Hilfe des dada-surrealistischen Dichters Paul Éluard (eigentlich Eugène-Émile-Paul Grindel) gelang es ihm, 1922 endgültig nach Paris zu übersiedeln. Sehr bald zeigten sich in seinen Collagen (etwa *Das Wort (Vogelfrau)*, 1921) und Bildern (etwa *Die schwankende Frau*, 1923, Abb. 1) surreale Elemente, das heißt, die verschiedenen Bildteile bezogen sich auf un-logische Weise aufeinander, erzeugten damit einen surrealen, oft schon traumähnlichen Gesamteindruck. Hinzu kommt noch die Zusammenarbeit mit Paul Éluard: In *Die Unglücksfälle der Unsterblichen* und in *Répétitions* – beide von 1922 – lieferte der Dichter Éluard (prä-) surrealistische Gedichte und Kurzprosa, während Ernsts Collagen in ihrer Bildlichkeit eine surreale Irritation beim Betrachter hervorriefen. Diese Collage-Technik wird für Ernsts Arbeiten während des Surrealismus noch von großer Bedeutung sein. 1922 schuf Ernst das Gemälde *Das Rendezvous der Freunde*, auf dem sich vor einer bizarren Gebirgslandschaft die Pariser Dadaisten und späteren Surrealisten zusammenfinden – etwa Aragon, Arp, Breton, Éluard und Soupault. Doch auf dem Bild fehlt einer der wichtigen Akteure: Tristan Tzara.

Das Bild eines harmonischen Übergangs von dadaistischer zu surrealistischer Kunstausübung hat allerdings starke Risse. In der Nummer 13 von *Littérature* erschienen 23 Manifeste «du Mouvement Dada», was die Geschlossenheit der Gruppe unterstreichen sollte. Es gab zudem mehrere öffentliche Dada-Manifestationen, bei denen das meist ahnungslose Publikum mit Dada-Slogans und -Texten seine bürgerlich-moralische Verwerflichkeit und seine biedere Kunstgesinnung ins Gesicht geschleudert bekam. Tzara hatte aus seiner Zürcher Dada-Zeit Erfahrungen mit solchen Veranstaltungen, die man als frühe Form des Happenings bezeichnen kann. Daher war er an diesen Aufführungen maßgeblich beteiligt. Breton spürte allerdings mit der Zeit einen gewissen Leerlauf der dadaistischen Aktivitäten. Die Wiederholungen der Publikumsbeschimpfungen und der anti-literarischen Parolen hatten wenig Fundament, auf dem sich eine künstlerische Bewegung aufbauen ließ. Anfang 1922 kündigte Breton einen «Congrès de Paris» an («Kongress zur Bestimmung der Richtlinien und der Verteidigung des

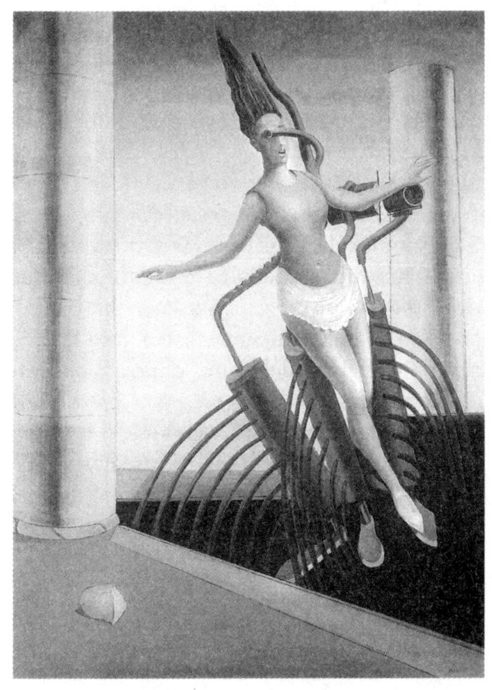

1 Max Ernst, *Die schwankende Frau*, 1923

Modernen Geistes»). Beim geplanten Kongress sollten unter dem Aspekt des «Esprit Moderne» alle avantgardistischen Kunstströmungen betrachtet werden. Damit fiel die Sonderstellung von Dada. Tzara wollte sich daran nicht beteiligen. Sein Absagebrief an Breton war freundlich gehalten, aber auch klar ablehnend. Breton wiederum griff in einem Kommuniqué Tzara offen an: Er sei ein «Promoter einer Bewegung, die aus Zürich kam». Im französischen Original kann «venu de Zurich» auch bedeuten, Tzara sei ein «Neuankömmling aus Zürich» – das heißt letztlich ein Ausländer und Fremder in der Pariser Avantgarde-Szene. Diese Darstellung Bretons ging vielen Künstlern zu weit, die sich am «Congrès de Paris» beteiligen wollten. Breton war damit isoliert. Die Gefahr war groß, dass der Zusammenhalt der dada-surrealistischen Künstlergruppe auseinanderbrach. In dieser Situation holte Breton zum Gegenschlag aus: 1924 veröffentlichte er sein *Manifeste du Surréalisme*. Abschließend lässt sich festhalten: Der dadaistische Kampf gegen das Bürgertum samt seinem traditionellen Kunstverständnis blieb auf der Agenda der Surrealisten. Dazu gehört die Findung neuer Elemente in der Kunst, gerichtet gegen den bürgerlichen Akademismus und Historismus. Was Dada und Surrealismus auch eint, ist die Einsicht, dass die etablierte Vernunft, der Fortschrittsglaube und das Erstarken der Technik als Vollstrecker des Ersten Weltkriegs anzusehen sind. Was Tristan Tzara betrifft, so blieb er den Surrealisten nach 1924 verbunden, gehörte aber nicht eigentlich zur Gruppe. Breton hat es im *Zweiten Manifest des Surrealismus* (1930) diplomatisch formuliert: «Wir glauben an die *Wirksamkeit* von Tzaras Dichtung, und das bedeutet, dass wir sie für die einzig Wirkliche halten, die ihren Platz hat außerhalb des Surrealismus.»

Der offizielle Startschuss: André Bretons *Manifeste du Surréalisme*, 1924

Im Oktober 1924 veröffentlichte Breton sein *Manifeste du Surréalisme* (Abb. 2). Obwohl es, wie schon erläutert, einige künstlerische Aktivitäten gegeben hat, die vor diesem Datum entstanden sind und dennoch surrealistische Merkmale tragen (vor allem das Automatische Schreiben), darf man mit guten Gründen den Beginn dieser Kunstbewegung mit Bretons Manifest ansetzen. Der Begriff «surréalisme» ist keine originäre Namensgebung von Breton. Der frühe Avantgardist Guillaume Apollinaire bezeichnete sein groteskes Stück *Die Brüste des Tiresias* von 1917 als ein «drame surréaliste», auch in Briefen sprach er oft vom «surréalisme». Der französische Romantiker Gérard de Nerval nannte es «supernaturalisme». Und Charles Baudelaire folgte zuzeiten dem Prinzip des «surnaturalisme». Im gleichen Jahr wie Bretons Manifest gab der deutsch-französische Schriftsteller Yvan Goll eine Zeitschriftennummer mit dem Titel *Surréalisme* heraus, in der sogar der spätere Surrealist René Crevel vertreten war. Allein Goll argumentierte darin gegen die Verbindung von Traum, Dichtung und Freud'scher Psychoanalyse. Solch eine Kunstbewegung würde «wieder von der Bildfläche verschwinden». Goll sollte sich irren.

Bretons Text erschien als eigenständige Publikation und war mit seinen rund 80 Seiten eigentlich zu lang für ein klassisches Manifest. Aber der Surrealisten-«Leader» – man nannte ihn auch ironisch den «Chef der Kohorte» – hatte viel zu sagen. Und man kann getrost festhalten, dass die Konzepte, die Breton angibt, fast alle Merkmale surrealistischer Kunstausübung umfassen. Bleiben wir gleich beim Begriff «surréalisme». Diejenigen Autoren, die diesen zuvor nannten oder in Varianten verwendeten, werden im Manifest aufgeführt. Breton gibt darin die Ahnengalerie der Bewegung an: Apollinaire, Nerval, Baudelaire

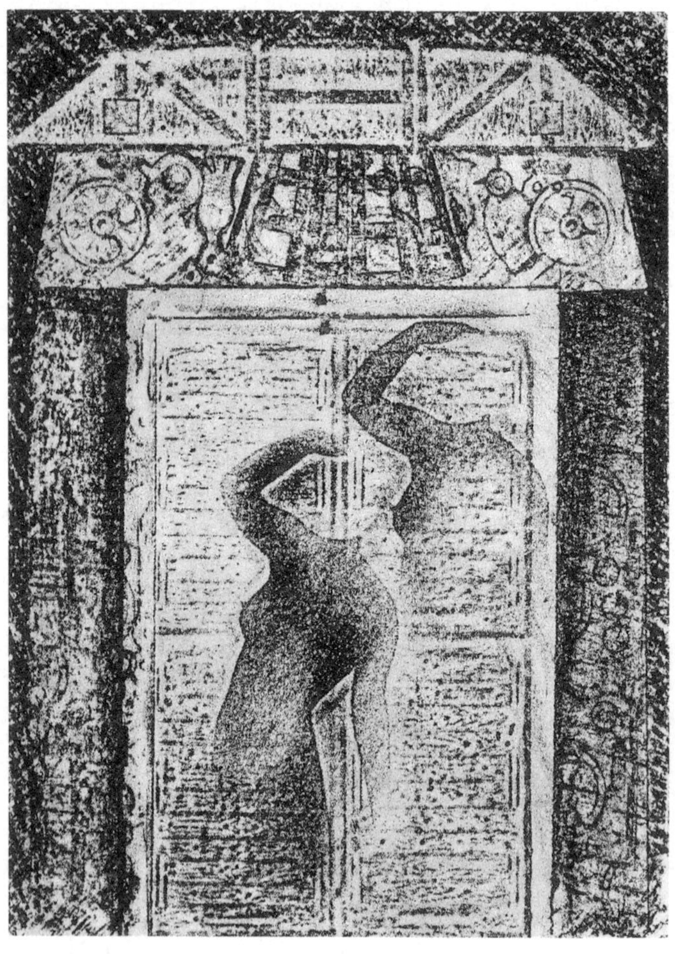

2 André Breton, *Manifeste du Surréalisme*, nouvelle édition Paris 1929, mit einem Frontispiz von Max Ernst

(«Baudelaire ist surrealistisch in der Moral») – sodann Arthur Rimbaud, Stéphane Mallarmé, Edgar Allan Poe («Poe ist surrealistisch im Abenteuer») und viele mehr. Auch der deutsche Erzromantiker Novalis wird in einer Fußnote zitiert – Breton pflegte ein enges Verhältnis zur deutschen Romantik. Was aber eint die Ahnen und die Jungen? Es mag banal erscheinen: das sur-reale Element. Doch genau das ergibt eine klare Abgrenzung zu realistischen Schreibverfahren, bei denen die Logik des Alltäglichen nie in Frage gestellt wird. Und Breton stellt den Ahnen die jugendliche Gruppe der Surrealisten gegenüber: Aragon, Crevel, Robert Desnos, Èluard, Benjamin Péret, Soupault, Roger Vitrac – und natürlich Breton selbst. Diesen einen Punkt sollte man nicht aus den Augen verlieren: Die selbstbewusste Aneignung von Tradition ist ein Charakteristikum des Surrealismus. Das unterscheidet diese Avantgarde-Formation wesentlich vom italienischen wie russischen Futurismus wie auch von Dada.

Zu Anfang des Manifests lässt Breton kein gutes Haar am «Typus des *geformten* Menschen» («type humain *formé*»). Die «objektive Vernunft», Logik des Denkens («Wir leben noch unter der Herrschaft der Logik»), Positivismus und Technik, die das Alltagsleben und auch die Kriege beherrschen, haben den Menschen in einen Käfig gesperrt, aus dem es keinen Ausweg zu geben scheint. So haben es schon die Dadaisten gesehen, doch der Autor bietet Sprengstoff, um die Gitter zu brechen: «Phantasie», «Einbildungskraft», «Wahnsinn» – das ergibt *«die größte Freiheit*, die des Geistes». Katalysator für all das ist «l'épaisseur du rêve», die Tiefe und Dichte des Traums. Es ist auffallend, dass Breton sich hier in die Nähe von Freuds Begriff der «Verdichtungsarbeit» aus dessen *Traumdeutung* begibt. Trauminhalte werden bildlich verdichtet, somit sind die geträumten Bilder stets überdeterminiert. Dies hat auch für die Literatur oder bildende Kunst Geltung. Für Breton sollen Traum- und Wachzustand Hand in Hand gehen, und so fragt er: «Kann nicht auch der Traum zur Lösung grundlegender Lebensfragen dienen?» Für ihn und für alle Surrealisten ist dies nur eine rhetorische Frage. Literarische Traumsequenzen, Traumprotokolle und Traumelemente in den Bildern sind fester Bestandteil sur-realistischer Kunst- und Lebenspraxis. Doch Breton möchte mit alldem keineswegs in reine Irrealität schlittern: «Ich glaube an die zukünftige Auflösung dieser gegensätzlichen Zustände von Traum und Wirklichkeit, in einer Art absoluten Realität, wenn man so sagen kann: *Surrealität.*» Die surreale Künstlerexistenz zeigt sich in einer Begrifflichkeit, die aus dem Denken der Surrealisten nicht mehr wegzudenken ist: «le merveilleux», «das Wunderbare» in Kunst und Leben. Ganz nahe zu diesem Begriff setzt Breton einen weiteren, die «révélation générale». Das ist eine zwiespältige Aussage, denn «révélation» kann sowohl «Enthüllung», «Entdeckung» meinen als auch im religiösen Sinn «Offenbarung». Breton und die meisten Surrealisten gaben sich antichristlich, antireligiös, doch das Mystische, ja teilweise Okkulte (Séancen, Bretons Sammlung von Voodoopuppen etc.) fand doch Eingang in ihr Denken. Und so definierte Breton in seinem Manifest die neue Kunstbewegung: «Der Surrealismus beruht auf dem Glauben an die höhere Wirklichkeit gewisser, bis dahin vernachlässigter Assoziationsformen, an die Allmacht des Traums, an das zweckfreie Spiel des Denkens.» Der Surrealismus ist eine «croyance», also ein «Glaube» (eine «Konfession») an das «Wunderbare». Die Künstler der Gruppe sind es, die die «Geheimnisse der surrealistischen magischen Kunst» sichtbar machen, ohne das Geheime im Sinne der Logik des Realen (gänzlich) zu lüften – so wie die Dichte des Traums es verbietet, diesen komplett zu entschlüsseln.

Natürlich nimmt in Bretons Manifest die mit Soupault realisierte Gemeinschaftsarbeit *Die magnetischen Felder* einen festen Platz ein. Auch wenn dieser Text zu Dada-Zeiten entstand, gehört das Automatische Schreiben zu den Kernverfahren der Surrealisten. Sein Buch *Manifeste du surréalisme* von 1924 beschloss Breton mit einer eigenen Prosaarbeit gleichen Genres: *Poisson soluble (Löslicher Fisch)*. Der Text beginnt mit den Worten: «Der Park streckte zu dieser Stunde seine blonden Hände über dem magischen Brunnen aus. Ein Schloss ohne Bedeutung rollte über die Erdoberfläche. In Gottes Nähe war das Heft dieses Schlosses bei einer Zeichnung von Schatten, von Federn, von Schwertlinien aufgeschlagen.» Schon dieser kurze Ausschnitt zeigt, dass der Text voll kühner Metaphorik ist. Breton nannte dies im Manifest «langage sans réserve», «vorbehaltlose Sprache». Damit meint er Folgendes: Die kommunizierende Bildbeziehung zwischen Traum und Wirklichkeit, zwischen Surrealität und Realität manifestiert sich in einer Radikalmetapher: Die zwei Bildbereiche (Breton nennt es «les deux termes de l'image») einer Metapher (Bildspender und Bildempfänger) sollen voneinander möglichst weit entfernt sein. Entfernung und das kommunizierende Aufeinanderwirken ergeben den metaphorischen Blitz, «die Schönheit des erzielten Funkens». Entscheidend ist für Breton, dass der Künstler, also das darstellende Subjekt, nicht in der Lage ist, eine solche kommunizierende Beziehung im Vollbewusstsein seiner selbst zu kreieren. Die surrealistische Radikalmetapher entsteht durch das «principe d'association des idées», das «Prinzip der Ideenassoziation». Breton bezieht sich hier wohl auf Novalis, der in seinem *Allgemeinen Brouillon* meinte, dass die Poesie auf «thätiger Idéenassociation» beruhe. Breton bringt im *Manifest* einige Beispiele – etwa ein Bild von Pierre Reverdy: «Die Welt kehrt zurück in eine Tasche.» Aber Breton liefert selbst genügend surrealistische Radikalmetaphern. Hier nochmals ein paar Zeilen aus *Löslicher Fisch*: «In der Schulkreide ist eine Nähmaschine; die kleinen Kinder schütteln ihre Locken aus Silberpapier. Der Himmel ist eine schwarze Tafel, die schändlicherweise jede Minute vom Wind abgewischt wird.» Man kann aber nicht sagen, dass die Prosatexte oder Gedichte der Surrealisten jeglicher Struktur entbehren. Im Gegenteil, es ist das Spiel zwischen surreal-traumhaften und logisch strukturierten Elementen. Der Traum, das Wunderbare in stringenter Verbindung mit Realem finden sich für Breton zusammen – eben «in einer Art absoluter Realität, wenn man so sagen kann: Surrealität».

Bretons Radikalmetapher lässt sich gut an zwei Bildbeispielen aus der Werkstatt Salvador Dalís beschreiben. Zum einen sein Objekt *Hummer-Telefon* (1936): Man hat ein schwarzes Telefon mit Wählscheibe vor sich – nur der Hörer ist ein Hummer (aus

Gips). Die beiden Bildbereiche (Telefon + Hummer) sind der Alltagslogik folgend weit voneinander entfernt – und erzeugen so den metaphorischen Blitz (und Komik). Zum anderen ergibt Dalís Gemälde *Table solaire* (*Sonnentisch*, 1936, Abb. 3) eine komplexere Metaphernfolge. Man sieht auf dem Bild Elemente, die man logisch in Verbindung bringen kann, und solche, wo das nicht (leicht) gelingt: Ein Junge steht neben einem Bistrotisch mit drei Gläsern. Die Betrachter sehen eine Wüstenlandschaft mit einer Hügelkette vor sich. Dann erblickt man zwei kleinere Boote, einen Mann auf einem Dromedar, das vor einer Büste hält. Himmel und Sand suggerieren große Hitze. Dass Dromedar und Wüste zusammengehören, ist unbestreitbar (wer genau hinsieht, findet am Boden auch eine Camel-Zigarettenpackung). Aber was machen ein Junge in Shorts, ein Bistrotisch, eine Büste und zwei Boote mitten in der Wüste? Wer das herausbekommen möchte, muss Bretons «Prinzip der Ideenassoziation» folgen, denn die Kombinationen der oft weit auseinanderliegenden Bildbereiche sind nicht allein durch logische Schlüsse deutbar. Es ist wie bei der «Dichte des Traums»: Trauminhalte werden bildlich verdichtet, die daraus resultierenden Traumbilder sind überdeterminiert. Übrigens haben einige Elemente im Bild mit Dalís Lebenswelt zu tun: Der Bistrotisch entstammt einem Café, das der Maler öfters frequentierte, und die Steinplatten, auf denen der Tisch steht, sind dieselben wie die auf Dalís Küchenboden.

Auch wenn Breton in seinem Manifest von 1924 nicht auf die bildende Kunst eingeht, so gelten die Kernpunkte surrealistischen Kunstschaffens sowohl für die Schriftsteller als auch für die Maler: Die «Ahnen» werden ermittelt; es wird nach surrealen Elementen in der Literatur- und Kunstgeschichte geforscht. Es geht im Surrealismus prinzipiell gegen die «Herrschaft der Logik». Dem stellt Breton die geistige Produktivität der Phantasie, der Einbildungskraft, des Wahn-Sinns, der Traumarbeit und des Unbewussten gegenüber. Diese Formen der Kreativität haben auch Anteil an der Wirklichkeit, es kommt zur Symbiose in der «Surrealität». Bretons Radikalmetapher wiederum folgt dem «Prinzip der Ideenassoziation». Das ergibt literarisch wie bildnerisch kommunizierende Bildbeziehungen, die das logische

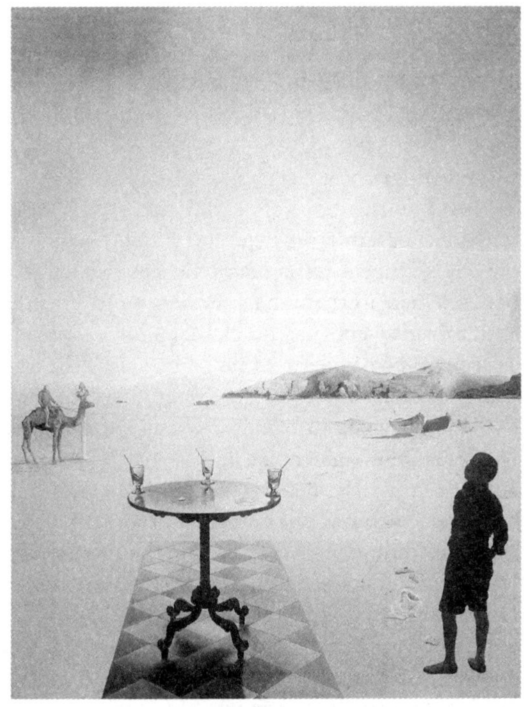

3 Salvador Dalí, *Table solaire (Sonnentisch)*, 1936

Denken nicht evozieren kann. In diese Richtung zielt auch das Automatische Schreiben, dessen Pendant das Automatische Zeichnen ist, auf das noch näher eingegangen wird. Dieses Verfahren soll ins Unbewusste vordringen. Das alles ergibt «le merveilleux», «das Wunderbare» in Kunst und Leben. All den genannten Elementen werden wir wieder und wieder begegnen.

Die Poesie praktizieren – Surrealistische Lyrik

Im Manifest von 1924 ist Bretons literarische Ausrichtung stark lyrisch geprägt. An einer Stelle des Textes fragt er, wie der Mensch sein «Begehren» («désir») stets lebendig, ja, in einem «anarchistischen Zustand» halten könne. Die Antwort fällt klar aus: «Die Poesie lehrt es ihn.» Es gehe also im Leben darum, «die Poesie zu *praktizieren*». Breton wird später den Vorrang der Lyrik in der surrealistischen Schreibpraxis relativieren. Doch fast alle Teilnehmer der Gruppe haben Gedichte verfasst: Arp, Aragon, Jacques Baron, Éluard, Desnos, Péret, Reverdy, Soupault, Vitrac – und natürlich Breton.

Es gibt nur einen Dichter, der sowohl zu den Gründern von Dada Zürich als auch zur Speerspitze der Surrealisten gehört: Hans bzw. Jean Arp. Als gebürtiger Straßburger beherrschte er Deutsch wie Französisch gleichermaßen. Es ist daher reizvoll, eines seiner dadaistischen und auf Deutsch verfassten Gedichte mit einem surrealistischen und auf Französisch geschriebenen zu vergleichen. Das Dada-Gedicht *Die Schwalbenhode* ist in mehreren Fassungen überliefert, auch als Prosagedicht. Es erinnert mit seinem Refrain «weh unser guter kaspar ist tot» an eine lyrische Totenklage. Der Vorname hat klarerweise eine gewisse Assoziationsdichte: Man denkt etwa an die mysteriöse Figur des Kaspar Hauser oder an die Kasperl-Figur, also an den Hanswurst des Volkstheaters. Von Anfang an kommt im Gedicht das Gegensätzliche von Komik und Traurigkeit zum Tragen. Der erste Teil der *Schwalbenhode* ist zudem in Frageform gekleidet. Etwa: «warum bist du ein stern geworden oder eine kette / aus wasser an einem heißen wirbelwind oder ein euter / aus schwarzem licht». Oder: «wer isst nun mit der ratte am einsamen tisch. / wer verjagt den teufel wenn er die pferde verführen will. / wer erklärt uns die monogramme in den sternen». Zweifellos kann man aus diesen Textausschnitten die von Breton geforderte Radikalmetapher ersehen: Die zwei Bildbereiche sind weit voneinander entfernt («ratte am einsamen tisch», «monogramme in den sternen» etc.). Ohne tätige Ideenassoziation wird man beim Lesen dem Gedicht nicht gerecht. Und doch! Der dadaistische Nonsens ist stets spürbar. Ähnlich in seiner Metaphernstruktur und doch ganz anders liest sich Arps surrealistisches Gedicht *Veines noires* (was sowohl mit *Schwarzes Glück* als auch mit *Schwarze Venen* übersetzbar ist). Auch hier ist von Sternen die Rede, aber als Personifikation: «In meinem Nebelherzen / stirbt das Traumbild der Rose. / An meinem Bettrand sitzt / ein alter, rissiger Stern». Von Anfang an wird eine Traumsituation evoziert: Erwähnung finden die «kläglichen Träume», alptraumähnliche Gebilde wie «graue Spinnen» oder die «Beerdigung einer Fee». Solch nächtliche Visionen kosten Kraft, zehren am lyrischen Ich – sie stehen am «Sarge meines Herzens». In *Veines noires* gibt es keine Dada-Komik. Das gesamte Gedicht ist eine Traumlandschaft, man könnte es auch ein lyrisches Traumprotokoll nennen. Die Radikalmetaphern haben hier eine ganz andere Stoßrichtung als in der *Schwalbenhode*.

Paul Éluard gehörte zu den ersten Mitgliedern von Dada Paris und veröffentlichte in *Littérature*. Auch wenn er in dieser Zeit gemeinsam mit Breton schwor, die «Literatur zu ruinieren», gehören seine Gedichte zum Erfindungsreichsten und Schönsten, was die surrealistische Poesie zu bieten hat. In den *Anmerkungen zur Poesie* (1929) berichtigten Éluard und Breton kurze Gedankengänge von Paul Valéry auf surrealistische Weise. Eine Bemerkung trifft auf Éluard in besonderem Maße zu: «Ein Gedicht muss ein Zusammenbruch des Intellekts sein. Es kann nichts anderes sein.» Intellektualität ist Sache des Verstandes, der Vernunft – dagegen rennen die Surrealisten an. Das Wunderbare muss sich lyrisch seinen Weg bahnen mittels Traum und Unbewusstem. In *Die poetische Evidenz* (1936) heißt es daher: «Man träumt über einem Gedicht, wie man über einen Menschen träumt.» Das bedeutet für den Schaffenden: «Für den Wachträumer, den Dichter, wird die Hoffnung oder die Verzweiflung das ausschlaggebende Moment der Tätigkeit seiner Imagination sein.» Die Vorstellungskraft bahnt der Lyrik den Weg. Das zeigt sich schon im Gedichtband *Mourir de ne pas mourir (Sterben am Nichtsterben)* von 1924: «Die Augen der Singtiere / Und ihre Gesänge aus Wut und Langeweile / Haben mir verboten, das Bett zu verlassen. / Hier werde ich mein Leben zubringen». Es gibt von Éluard Prosagedichte, in denen die Codewörter surrealistischen Schaffens nacheinander aufblitzen: «All mein Begehren entstammt meinen Träumen. Mittels Worten habe ich meine Liebe bewiesen. (...) Meine liebende Einbildungskraft ist stets so beständig, so klar und deutlich gewesen, dass niemand versuchen könnte, mich des Irrtums zu überführen.» «Tous mes désir», alles Begehren, das ins Unterbewusste hinabreicht und es aktiviert; die Träume, die als Teil der Sur-Realität Wirklichkeit sind – dies alles eingebunden in die Imagination und in die Stärke des dichterischen Wortes. Éluard ist sicherlich nicht der einzige Surrealist, der Liebesgedichte verfasst hat. Doch er wagt bei diesem Genre einen Spagat – nämlich konventionelle Muster mit surrealistischen zu verweben: «Meine Liebe, auf dass sie mein Begehren darstellt / Schrieb deine Lippen an den Himmel deiner Worte, einem Gestirn gleich / Deine Küsse in der lebendigen Nacht / Und der Luftstrom deiner Arme rings um mich / Wie eine Flamme als Zeichen der Eroberung / Meine Träume gehören der Welt an / Klar und immerwährend / Und wenn du nicht da bist / Träume ich, dass ich schlafe, ich träume, dass ich träume». Das Begehren setzt die liebende Einbildungskraft in Gang. Lippen, Arme, Küsse, Eroberung – all das gehört zur lebendigen Liebe. Doch die Liebe ist auch etwas Traumhaftes, ein süßer Schlaf aus zärtlichem Mohn. Eine Gedichtzeile Éluards hat es auch über den Kreis von Lyrikkennern hinaus zu einer gewissen Berühmtheit gebracht: «Die Erde ist blau wie eine Orange.» Mit diesem dadaistischen Nonsens-Touch verfolgt der Dichter aber eine gewisse Strategie. Spätere surrealistische Lyriktexte verweben das Besondere mit dem Alltäglichen, das Unbekannte mit an sich Bekanntem, das einfach Sichtbare mit dem Unsichtbaren: «Die geringste Bewegung der Eidechse / Straft alle Vorsicht Lügen». Oder: «Die Distelblüte erbaut ein Schloss / Sie steigt auf die Sprossen des Windes». Lebendige Wesen und

Dinge des Alltäglichen sind – wie Breton es nennt – eine «Fundsache», die das Wunderbare der Dichtung beflügelt. Realität und Surrealität gleichen so einem «unlösbaren Bildrätsel».

Philippe Soupault gehört neben Aragon und Breton zu den Gründern der Zeitschrift *Littérature*. Mit Letzterem ist er durch die Publikation *Die magnetischen Felder* Mitinitiator des Automatischen Schreibens. Und dann entdeckte Soupault die *Gesänge des Maldoror* des Comte de Lautréamont wieder, also einen Ahnen der surrealistischen Radikalmetapher. Man könnte sagen, dass Soupaults Lyrik eine der Spontaneität, des Unmittelbaren ist – und dennoch das Sprachbildnerische nie verlässt. Sie ist geprägt von dem Versuch, die Präsenz des Alltäglichen mit einer surrealen Welt zu verknüpfen: «Ungeheuerlicherweise haben die Bäume / eine grün-gelbe Jacke angezogen / und die Fenster klappern und klopfen». Das Zusammengehen von Realem und Surrealem lässt sich auch auf ironische Weise ausdrücken: «Die Engel sind Freunde / die man um Rat fragt bei der Wahl einer Krawatte». Breton erinnerte sich, dass Soupault immer und überall schreiben konnte. Ob in einem Café, einer Bar – stets rief er: «Garçon, etwas zum Schreiben.» Dieses Unverzügliche im Schreibakt erinnert natürlich an das Verfahren des Automatischen Schreibens, doch es tritt etwas anderes hinzu: die wahrgenommene Außenwelt. Gerade die Mit-Welt der Gegenstände, Ereignisse und Begegnungen bremst die reine Traumsymbolik aus. Das Surreal-Mentale trifft auf das Reale – und wird, wie Breton es im Manifest einforderte, «Surrealität»: «Mein Zimmer ist möbliert mit Erinnerungen an die Inseln / Und das Meer ist ganz in der Nähe / Oder die Metro». Soupaults Dichtung ist eine der Gegenwart, des Präsens. Was wahrgenommen wird, ist gegenwärtig – und damit stets vergänglich. Das kann banale und doch sehr reale Reflexionen hervorrufen: «Man sollte nicht so viel rauchen / sage ich mir auch / Mal nachrechnen / sage ich mir noch / ich habe Kopfschmerzen / Mein Leben ist ein Wassertropfen unter dem Augenlid / und ich bin keine zwanzig mehr / Machen wir also weiter». Das Präsente und die Präsenz der Vergänglichkeit bringen allerdings eine leise Evokation des Göttlichen hervor: «Das Lachen das wehtut / und wehtut / und tröstet / das Lachen Gottes / Der Schlaf hat sich zu meinen Füßen gelegt». Der griechische Gott des Schlafes Hypnos hat einen Zwillingsbruder: Thanatos, Gott des Todes. Und der Traum, der surreale Traum mit seinen verwegenen Metaphern, hat zwar das Wunderbare des Lebens im Blick, jedoch auch dessen Vergänglichkeit: «Man muss wieder nach Zeichen des Kreuzes Ausschau halten / Die Wahrheit im Mund / und dieses Abenteuer des Abschieds / für immer».

1943, mitten im Krieg, erinnert sich Benjamin Péret in seiner Schrift *Péret hat das Wort* an die Kraft surrealistischer Poesie. «Das Wunderbare ist überall, zu allen Zeiten und in jedem Augenblick da. Es ist das Leben selbst». Und dann präzisiert er: «Der Romantik war es gegeben, das Wunderbare wiederzuentdecken und die Poesie mit einer revolutionären Bedeutung auszustatten, die sie bis heute bewahrt hat und die ihr gestattet, ein Leben als Verbannte zu führen – aber dennoch zu leben.» Das Wunderbare, das für die Vernunft etwas Fremdes ist, vor Augen, agiert der Dichter mit einem «allumfassenden Nonkonformismus». Péret verkörperte für viele seiner surrealistischen Mitstreiter den Typus des Dichter-Revolutionärs. Das meint weniger seine spätere Konversion zum Trotzkismus als eine unkonventionelle Art, mit Dichtung umzugehen. Im lyrischen Porträt von André Breton nennt er diesen «den Kapitän der Freibeuter / Ich bin einer von ihnen». Und im Porträt von Louis Aragon spricht er die Surrealisten als «Kapitäne auf großer Fahrt» an. Es ist eine wundersame, abenteuerliche Reise, auf die sich die Dichter einlassen: «Die Hitze entweicht in die Mäntel der Pilger / und der Regen entfernt sich / so wie die Seefahrer mit ihren Ohren aus Bronze / Ein Riesenrad dreht sich in blauer Leere / und drei Elefanten fischen nach Haien». In Pérets surrealen Metaphern blitzt immer wieder der dadaistische Nonsens auf. Pérets Strategie dabei ist, dass die lyrische Anrufung des Wunderbaren nie ins Romantisch-Kitschige abdriften darf. Geboten ist daher ein sprachlicher Nonkonformismus, der das revolutionäre Aufbegehren der dadaistischen «Anti-Littérature» nicht ganz außer Acht lässt: «Der Mensch bleich wie eine Glocke / berühmt wie eine Schildkröte / mühelos / ohne Schmerz und ohne Erleuchtung / zündete seinen Zeh an / und wurde züchtig».

Dass die Surrealisten sich gegenseitig Gedichte widmeten, gehörte in der Gruppe zum guten Ton. Doch ein lyrischer Text von Louis Aragon sticht da hervor. Benjamin Péret zugeeignet, beginnt *Aus Pflaumen* mit einer Anrufung: «Benjamin Benjamin die Vögel stehen in Flammen / Die Natur hat ihren Verlauf unterbrochen / Das ist die Zeit der grünen Augen / Höre doch den Schrei der Frauen / die ihre Haare mit dem Sand ihrer Tage vermischen». Wie Péret verkörpert Aragon den Dichter-Revolutionär, zu Beginn des Surrealismus oft noch mit einer dadaistischen Geste: Da gibt es Wortwiederholungen, Kinderreime, Gedichtzeilen werden flächig aufs Papier gesetzt. Das alles kann aber nicht über den Tod hinwegtäuschen, den Tod, der auch in der Sprache lauert. Aragons Gedicht mit dem Titel *Suizid* setzt schlicht das Alphabet mit seinen 26 Grundbuchstaben aufs Papier. Aragon war die Aneignung poetischer Tradition wichtig. Er ist einer der wenigen Surrealisten, der Gedichte in Strophenform schrieb und ernsthaft Endreime setzte. Ein Gedicht heißt sogar *Pastorale*, nimmt also Bezug auf das opernhafte Schäferspiel oder die Schäferdichtung. Das Gedicht *Villanelle* wiederum persifliert bukolische Dichtung. Doch es gibt auch die andere Seite Aragons, die schon in die Richtung seines Engagements für den Kommunismus weist. Das Gedicht *Mimosen* ist der «Auflösung der Sitten» gewidmet: «Die Regierung war gerade dabei / als Weißdornbusch gefällt zu werden / Ein Generalstreik offenbarte sich, so weit das Auge reicht». In seiner Schrift *Abhandlung über den Stil* von 1928, in der Aragon schon mit gewissen Tendenzen im Surrealismus hadert, stellt er dennoch glasklar fest: «In Wirklichkeit ist alle Poesie surrealistisch in *ihrer Bewegung*.» Und beim Schreiben von Lyrik muss man sattelfest sein: «Gut schreiben, das ist wie aufrecht gehen. Wenn Sie aber schwanken, dann ersparen Sie mir doch dieses traurige Schauspiel. Verstecken Sie sich.»

«Die Dichtung darf über alles sprechen, in völliger Freiheit.» Dieses Motto stammt von Robert Desnos, und man darf sagen, dass er ihm sein Leben lang folgte. Schon zu Zeiten von Dada

Paris zeigte er eine ausgesprochene Vorliebe für kunstvolle Kalauer und für klang- und silbenähnliche Wortspiele, was naturgemäß schwer zu übersetzen ist («En attendant / en nattant l'attente / Sous quelle tente?»). Desnos war zweifellos der Sprachjongleur unter den surrealistischen Dichtern. Doch er verfasste auch hypnotische Zeichnungen und Lyrik. In diesen Texten ist er der surrealistischen Traumdichtung verbunden: «Ich träumte diese Nacht von einer phantastischen Landschaft und von gefährlichen Abenteuern / ebenso gesehen vom Gesichtspunkt des Todes / wie vom Gesichtspunkt des Lebens». Ähnlich wie Éluard verbindet Desnos das Surreale mit der Liebe. Der Titel *Ich habe so oft von dir geträumt* kehrt im Gedicht als Refrain wieder: «Ich habe so oft von dir geträumt, dass du deine Wirklichkeit einbüßt». Das lyrische Ich befindet sich in einem «Schwebezustand der Gefühle». Man ist in dieser Traumwelt ein liebender Gefangener: «Ich habe so oft von dir geträumt, dass es zweifellos keine Zeit mehr gibt, um zu erwachen». Doch dieses Traumszenario ist alles andere als hoffnungsreich: «Ich habe so oft von dir geträumt habe so oft einen Marsch angetreten habe so oft gesprochen habe so oft geschlafen – mit deinem Phantom». Bei einem Trugbild weiß man nie, ob es dem Leben, dem Schein oder dem Tod zugehörig ist. So will Desnos – ähnlich wie Aragon – in seiner Lyrik nicht das Leben vom Tode trennen. Der Schlaf, den man schläft, der Traum, den man träumt – beide haben eine Nähe zu Hypnos, Gott des Schlafes. Er hat zwei Fackeln als Symbol, die er hochhält. Sein Zwillingsbruder Thanatos, Gott des Todes, sieht seinem Bruder zum Verwechseln ähnlich, erscheint ebenso mit zwei Fackeln, nur dass diese nach unten zeigen. Doch die Vibrationen der «übernatürlichen Glocke» («ô cloche surnaturelle») erwecken die surrealen Sprachbilder zum Leben. «Des Nachts gibt es die Wunder der Welt.» Oder anders gesagt: «Wir träumen, um das Träumen zuzulassen – genau dies ist das Gedicht des Tages, der gerade beginnt.»

Jacques Baron – «Rimbaud des Surrealismus» wurde er genannt. Er war rund zehn Jahre jünger als die meisten seiner Kampfgenossen und spielte so die Rolle des Enfant terrible à la Arthur Rimbaud. Später schrieb er einen Roman über diesen

Ahnen der Surrealisten. Unbändiges Begehren («désir») nach Leben und nach Poesie durchzieht seine Gedichte: «O Begehren / Geschichte aller Zeiten / aller Herzen / aller Leidenschaften / durch Zufall wiedergefundenes prähistorisches Tier». Liest man Barons Lyrik, so geht man auf eine poetische Reise, auf der das Leben kraftvoll angegangen wird, dieses Leben, das einem «trunkenen Schiff», wie es Rimbaud ausdrückte, gleicht: «Man muss leben / der Liebe wegen / wegen des Begehrens». Und doch weiß Baron, dass der Tod einem an jeder Ecke auflauert. Das Leben und der Tod sind nicht zu trennen, denn ansonsten wäre diese abenteuerliche Reise unvollständig: «Ein Passagierschiff aus Schweigen gleitet über mein Herz / eine Konstruktion aus Lianen, um ins Paradies zu gelangen / Alles ist zu Ende / selbst der Suizid der intelligenten Leute / die Tränen aus Tinte / Begehren / in allen Dingen».

Drei weitere Dichter des Surrealismus dürfen nicht unerwähnt bleiben. Roger Vitrac tat sich vor allem als Theaterautor hervor. Doch als dada-surrealistischer Mitstreiter der Zeitschrift *Littérature* verfasste er auch Lyrik. Im Gedicht *Der Hunger*, das dem Surrealisten-Leader gewidmet ist, heißt es: «Lungen gepresst zwischen den Knien der Morgenröte / Gras schlendert wie ein Lamm / Auf die Häuser zu, die sich dem Tod annähern / mittels des Flusses der Vögel». Wer einfacher Logik folgt, der kommt bei den Versen Vitracs nicht weiter. Bretons «Prinzip der Ideenassoziation» muss in die Sprache eindringen – ebenso das Wunderbare. Im Gedicht *Fortsetzung und Ende* (*Suite et Fin*, 1925) ist zu lesen: «Kreuz überall, Kreuz dass deine Taufe / durch meine Liebe auferstand / Kreuz mit der Gnade die ich liebe / Mein Körper durchzogen durch deine Schönheit». Wie Hans Arp wurde Maxime Alexandre im Elsass geboren und war zweisprachig. Rückblickend schrieb er die Verse: «Ein Fremder unter den Surrealisten / ein Fremder unter den Kommunisten (und den Atheisten) / ein Fremder unter meinen Landsleuten / Fremder unter meinen Glaubensgenossen». Doch ganz so fremd war er in der surrealistischen Gruppe nicht. Aragon holte ihn nach Paris, und bald waren Breton und die anderen von der Kraft seiner Lyrik überzeugt; eine poetische Stärke, die ihn in die Nähe von Paul Éluard rückt. In *A Nouveau (Aufs Neue)* heißt es: «Der Blick kristalliner Liebe sieht auf / Zum Morgen der Gewitter und der Tränen / Die Augen am Abgrund wie reine Kahlheit / Die Augen des Bestürzten wie ein Spiel der Funken». Der «Abgrund» hat hier nicht das letzte Wort. Denn der Blick stürzt sich auf das Gesehene – auf das «Spiel der Funken». Auch Maxime Alexandre kennt Bretons «Schönheit des erzielten Funkens». Breton brachte in seinem Manifest von 1924 ein schon zitiertes Beispiel einer Radikalmetapher von Pierre Reverdy. Die Anfangszeilen von dessen Gedicht *Schatten der Mauer* lauten: «Ein Auge aufgebrochen durch eine Feder / Träne, die vom Mond herabfällt / Ein See / Die Welt kehrt zurück in eine Tasche». Die Welt der Metaphern ist an den Schreibakt gebunden, an eine «plume», an die Schreibfeder. Reverdy hat dieses Motiv in einem langen Gedicht mit dem Titel *Tintenspur* nochmals aufgenommen: Feder und Tinte sind die «Quelle des reinen Schattens», «Quelle der bitteren Lampe / an den Wurzeln der Zeit», «Quelle des Gedankens, der unter einem Stein knirscht», «Quelle der Leidenschaft / von der Liebe bis zum Hass», letztlich «Quelle des Schicksals vage in meiner Hand». Das alles ergibt zuletzt: «Wunder des Schlafs / Die Hände gebunden an die Wagenspuren / Die Füße im Himmel».

Und der «Chef der Kohorte», André Breton selbst? Erst einmal war er ein eifriger Verfasser von Collage-Gedichten (etwa *Die moderne Gesellschaft*, 1924), so wie er eines in seinem Manifest von 1924 seiner Leserschaft präsentierte. Die Gedichtsammlung *Clair de terre* (*Erdschein* oder *Weltenschein*) von 1923 beginnt mit «Fünf Träumen», also mit literarischen Traumprotokollen, denen einige Kurzprosatexte folgen, die dem Automatischen Schreiben zuordenbar sind. Aber es gibt auch Gedichte, darunter ein visuelles, das dadaistische Züge hat *(Falsches Stück)*. Die meisten lyrischen Texte sind durch steten Bilderwechsel, der die gängige Logik aushebelt, dem Traumhaften und dem Automatischen Schreiben verpflichtet. Doch es gibt Ausnahmen: *Lieber das Leben* ist eine lyrische Hymne an das Leben: «Lieber das Leben lieber diese Rosette auf meinem Grab / Das Leben der Gegenwart nichts anderes als Gegenwart». Das «Lieber das Leben» («Plutôt la vie») wird im Gedicht fast durchgehend als Anapher gesetzt, was das Feierliche der Verse unterstreicht. Dies meint das Wunderbare der surrealistischen Lebenswelt: «Voneinander gelöste Tiere machen eine Weltreise / Und fragen meine Phantasie nach ihrem Weg / die aber selbst um die Welt reist / allerdings in der Gegenrichtung / Aus all dem folgt ein großes Missverständnis», heißt es in *Im Tal der Welt*. Aus diesen Verszeilen lässt sich ein poetisches Prinzip Bretons destillieren. In seinen Gedichten werden die vorgegebenen Strukturen der Grammatik und des Satzbaus penibel eingehalten, doch die Sprachbilder, die erzeugt werden, laufen in ihrer radikalen Metaphorik «in der Gegenrichtung». Der klassisch zu nennende Satzbau trifft auf völlig unkonventionelle Metaphorik. Bei der Leserschaft kommt es zu einem großen «Missverständnis», das wiederum Bretons gefordertes «Prinzip der Ideenassoziation» auf den Plan ruft. Nach seiner Beschreibung der Radikalmetapher sollen ja die Bildbereiche voneinander möglichst weit entfernt sein. Genau das würde den metaphorischen Blitz erzeugen, eben «die Schönheit des erzielten Funkens». Nun gibt es in der Publikation *Der weißhaarige Revolver* (1932) tatsächlich ein Gedicht mit dem Titel *Hotel der Funken*: «Der philosophische Schmetterling / Landet auf dem rosa Stern / Und das ergibt ein Fenster zur Hölle». In diesem intellektuellen Setting geht es weiter: «Die gelehrten Möbel trainieren das Zimmer / das mit seinen Fensterrosen jongliert». Nicht nur in diesem Gedicht ist eines auffallend: Breton setzt auf Wörter aus dem Alltagsleben, um diese dann mit fremdartigen Adjektiven oder mit seltsamen Verben zu kombinieren. Das Wunderbare soll hier eben nicht ins Erhabene abgleiten, sondern stets seinen Bezug zum tatsächlichen Leben behalten. Das Wunderbare des Alltäglichen. Wir werden noch öfters auf Bretons mysteriöse «Fundsache» («objet trouvé») im täglichen Leben stoßen. Die sur-reale Metaphorik schlägt Funken – «im Dunkel irdischer Zeichengebung».

Was bedeutet es also im Surrealismus, «die Poesie zu *praktizieren*», wie Breton schreibt? Erst einmal muss so mancher Darstellung surrealistischer Lyrik eine Absage erteilt werden, die festhält, surrealistische Lyriker hätten sich hauptsächlich dem Automatischen Schreiben verpflichtet gefühlt. Bis auf Breton folgt kaum ein Dichter diesem Verfahren – und selbst er durchbricht es. Was wiederum alle eint, ist die Anwendung der Radikalmetapher. Das «Prinzip der Ideenassoziation» treibt das Unterbewusste an die Oberfläche der Sprache. Dazu gehört ebenso die Hinwendung zum Traum. Lyrische Traumprotokolle sind mehr oder weniger alle Gedichte. Doch das Imaginative ist stets an das Real-Alltägliche gebunden. Das Leben selbst muss poetisiert werden, ansonsten ist es angesichts einer schrecklichen Welt verloren. Auffällig ist, dass dadaistischer Nonsens in manchen surrealistischen Gedichten zur Geltung kommt. Das braucht nicht zu verwundern, denn zum Sinn des Lebens gehört eben auch der Un-Sinn, wie ihn auch die Surreal-Dadaisten in Paris propagierten. Es gibt aber noch zwei Motive, die sich herauskristallisiert haben: zum einen die Nähe des Todes. Wenn das Leben poetisiert werden soll, dann muss dies auch den Tod miteinschließen – kein Leben ohne Tod. Das zweite Motiv sind Anklänge an das Religiöse. Das mag zu Recht verwundern, da Breton und auch fast alle Mitglieder der Gruppe sich offen antiklerikal verhielten. Man darf aber nicht vergessen, worin die eigentliche gesellschaftliche Stoßrichtung der Surrealisten bestand. Es ging gegen eine bigotte und rein merkantil ausgerichtete Bourgeoisie. Deren scheinheilige Bekundungen zur christlichen Kirche waren ihnen zuwider. Und doch blitzt in der surrealistischen Kunst- und Lebensauffassung stets das Sur-Reale auf, und damit auch Formen der Transzendenz. Das Magische, Spirituelle hat einen gewissen Platz in dieser Künstlerformation. Erinnern wir uns an zwei Begriffe aus Bretons Manifest: «le merveilleux» (das «Wunderbare») und «la révélation» («die Offenbarung»). Das Leben ist auch ein spirituelles, ein magisches. Das ergibt Bretons «Geheimnisse der surrealistischen magischen Kunst». Um all dies beschreibbarer, erzählbarer und auch erklärbarer zu machen, muss man den Boden der Poesie verlassen. Das wurde auch Breton alsbald klar. Kein Surrealismus ohne Lyrik – aber auch keiner ohne Prosa.

Ich-Blitze – Traumtexte, Prosa, Roman, Essay

Von den surrealistischen Prosaformen sind die Traumtexte nicht leicht zu klassifizieren. Auf der einen Seite handelt es sich dabei um keine wissenschaftlich-therapeutische Methode wie in der *Traumdeutung* Sigmund Freuds. Natürlich sollen die Traumtexte der Surrealisten ins Unbewusste reichen, Unbewusstes bewusst machen, aber ob es sich dabei um inakzeptable Wünsche und verdrängte Wunscherfüllung handelt, ist nicht so klar. Andererseits spricht Breton im Manifest von 1924 indirekt Freuds Begriff der «Verdichtungsarbeit» an. Der Trauminhalt ist eher knapp, während der Traumgedanke weitaus umfangreicher ausgestaltet ist: «Der Traum füllt niedergeschrieben eine halbe Seite; die Analyse, in der die Traumgedanken enthalten sind, bedarf das sechs-, acht-, zwölffache an Schriftraum.» Diese Beobachtung Freuds korrespondiert mit Bretons Kennzeichnung der surrealistischen Radikalmetapher. Während die beiden Bildbereiche einer Metapher eher knapp bemessen sind, ist der Interpretationsspielraum, der durch das «Prinzip der Ideenassoziation» eröffnet wird, groß. Die Nähe der surrealistischen Traumtexte zu Freud ist offensichtlich, aber ebenso eine Distanz: Es geht nicht um die Erkenntnis mentaler Krankheitsbilder, sondern um Literatur – wobei Breton im Manifest von 1924 schon eine Problemstellung formuliert hat. Gerade in der Passage, in der er von der «Dichte des Traums» und der Traumdarstellung spricht, schreibt er: «Ich bedaure, darüber in einer Art Formel zu sprechen, die prinzipiell den Traum ausschließt.» Die angesprochene Problematik ähnelt derjenigen bei der Verschriftlichung von Texten der «Automatischen Dichtung»: Der Traumtext wird im Wachzustand verfasst, so wie die Automatische Poesie ihre (etwa grammatikalische oder syntaktische)

Berichtigung ebenso im Wachbewusstsein erfährt. Traumtexte sind daher eine Amalgamierung von Wirklichkeit und Traum – also literarische «Surrealität».

Mit der ersten Nummer der Zeitschrift *La Révolution Surréaliste* im Dezember 1924 nimmt die Verschriftlichung von Traumtexten sprunghaft zu. Breton träumt von der Fertigstellung eines Damenkostüms und der Frau, die es tragen wird. Und: Im Traum schlendert er durch Paris. Desnos träumt von einer Art Titanenkampf der Sterne. So ein Traum ist «adorable!», «anbetungswürdig». Paul Éluard träumt von seiner *Karodame*, einer Jugendliebe, mit der er auf eine surreale Reise geht: «Und es ist immer das gleiche Eingeständnis, die gleiche Jugend, die gleichen reinen Augen, die gleiche arglose Geste ihrer Arme um meinen Hals, die gleiche Zärtlichkeit, die gleiche Offenbarung. Jedoch, es ist niemals dieselbe Frau.» Die «Offenbarung» – Bretons «révélation» – ist im Traum zwiespältig. Solche Traumgedanken lassen sich im Text festhalten, doch der Traum selbst ist flüchtig und stets Wandlungen unterzogen. Man kann diesem Umstand Positives abgewinnen, so wie es Antonin Artaud, zeitweiliger Leiter im *Büro für surrealistische Forschungen*, beschrieben hat: «Ich liefere mich dem Fieber der Träume aus, doch um daraus neue Gesetze zu entnehmen. Ich erforsche die Vervielfachung, den Scharfsinn, das intellektuelle Auge, nicht riskante Orakelsprüche.» Pierre Reverdy wiederum hat das Verfassen literarischer Traumtexte in poetische und zugleich skeptische Worte gefasst: «Der Traum des Dichters ist ein Netz aus unzähligen Maschen, der ohne Hoffnung Wassermassen wegschafft bei der Suche nach *einem* fragwürdigen Schatz.» Wie immer man die surrealistischen Traumtexte beurteilen mag, sie fördern noch etwas anderes zutage: Sehr oft ist Paris der Ort der Träume, sehr oft begegnen sich die einzelnen Mitstreiter der surrealistischen Gruppe. Das heißt, in den Träumen gibt es ein starkes autobiographisches Element. Und genau dieses Faktum wird in den anderen Prosaarbeiten eine große Rolle spielen.

Für die Surrealisten war Paris das Zentrum ihrer künstlerischen Aktivitäten und auch ihres Alltags. Louis Aragons Textsammlung *Le Libertinage* erschien 1924 und enthält kürzere Prosatexte und Theaterstücke. Aragon hat diese in der Hauptsache von 1918 bis 1923 verfasst und später vermerkt, dass seine dada-surrealistischen Mitstreiter ihm nur ungern durchgehen ließen, dass er eher konventionelle Prosa verfasste. Als selbsternannter «Libertin» – in etwa «Freigeist» – nahm er sich die Freiheit dazu. In der Tat findet man im Band wenig Dada-Nonsens oder dadaistische Wortspiele oder gar surrealistische Radikalmetaphern. Doch so ganz stimmt dies auch wieder nicht. Die Prosaarbeit *Welch göttliche Seele* nimmt die Vorstellung klassischer Erzählmuster auf die Schippe. Und im Text *L'Extra*, der Isidore Ducasse gewidmet ist, wird man das Gefühl nicht los, dass Aragon die bedeutungsschwangeren Metaphern des Comte du Lautréamont parodiert, also die Poetik eines der Ahnherren der Surrealisten. Die kleine Prosaarbeit *Paris bei Nacht* weist allerdings auf Zukünftiges. Der Ich-Erzähler schlendert durchs nächtliche Paris, hat kleine Erlebnisse in Kneipen, doch je mehr das Erzählte fortschreitet, umso stärker verdichten sich die surrealen Bilder. Zum Schluss erwacht das erzählende Ich in einem Nachtlokal: Alles ist nur ein Traum im Dunstkreis des Alkohols gewesen.

1926 erschien eines der wohl bedeutendsten Werke des Surrealismus: Aragons *Le Paysan de Paris*. Auf Deutsch wurde der Titel mit *Pariser Landleben* oder mit *Der Pariser Bauer* übersetzt. Aber selbst im französischen Original wirkt der Titel irritierend. Im Unterschied zu «le fermier» – «der Bauer» – meint «le paysan» eher allgemein das Arbeiten in der Landwirtschaft. «Paysan» steht zudem «pays» nahe, also dem «Land». Man könnte Aragons Prosaarbeit daher auch mit «Der Landmann von Paris» übersetzen. Und man darf den Titel – ob auf Französisch oder Deutsch – als eine surreale Radikalmetapher ansehen: Der Landmann blickt auf das Land, das er bearbeitet. Der Ruhepol der Natur tut sich vor ihm auf, ein Idyll, wie es unzählige Landschaftsmaler auf die Leinwand gebracht haben. Dem setzt Aragon die Schockwirkung des urbanen Terrains entgegen: das moderne Paris. Kein «locus amoenus» tut sich auf, sondern fluktuierendes, pulsierendes Großstadtleben. Und doch kann der genaue Beobachter sein Land bestellen, indem er offenen Auges durch die Metropole flaniert und seine literarischen Schlüsse zieht. Aragons *Le Paysan de Paris* ist ein Prosamontagewerk in drei Teilen mit dem «Vorwort zu einer modernen Mythologie». Darin zieht der Autor – wie Breton in seinem Manifest von 1924 – gegen die Rationalität, gegen die bürgerliche Vernunft und den von ihr verherrlichten Materialismus zu Felde. Die alten Mythologien haben ihren Glanz verloren – doch es gibt eine neue: das Flanieren durch das urbane Terrain. Der umherschweifende Blick und die Phantasie übernehmen das Zepter: «Ich bin die Spielfigur meiner Sinne und des Zufalls.» Zu Beginn des ersten Teils («Passage de l'Opéra») und im zweiten Teil («Das Naturgefühl auf den Buttes-Chaumont») geht es um das konkrete Flanieren durch Paris, allein oder in Begleitung von André Breton und Marcel Noll. Der erloschene Glanz der vielen Passagen taucht vor den Augen der Flaneure auf, und im Parc des Buttes-Chaumont erwacht auf mythische Weise ein starkes Naturgefühl – und das mitten in urbaner Umgebung, worauf auch die im Buch abgedruckte Landkarte verweist.

Das Kernstück des *Paysan de Paris* ist aber die im ersten Teil zu lesende *Rede der Phantasie (Discours de l'Imagination)*. Die Phantasie spricht als klassische Personifikation zur Leserschaft und verspricht ihr ein ungeheuerliches Rauschgift: «Das Laster namens *Surrealismus* ist die verderbende, zügellose und leidenschaftliche Verwendung des Rauschgifts *Bild*». Die Phantasie lädt ihre bildersüchtigen Mitstreiter ins «Théâtre Moderne». Diese moderne Theaterwelt sind die Straßen von Paris. Alles ist in Bewegung, die Straßenbahnen, die Autos, die Lastenkutschen – und die unzähligen Menschen. Sie huschen an einem vorbei – doch wer sind sie? Alles Mögliche! Vertreter, Makler, Polizisten, Straßenverkäufer, Schuhputzer, Kellner, Journalisten – und manchmal auch Dichter, Künstler. Die Phantasie als Personifikation wandelt sich wieder in den Ich-Erzähler, der plötzlich vor dem Café Certa steht. Genau hier trafen sich ab 1919 die Pariser Dadaisten – die «Dadas», so nannte man sie als Stammgäste. Aragon bildet im Buch eine Getränkekarte des

"CERTA"

TARIF

DES CONSOMMATIONS

Martini Cocktail
Perfect »
Rose »
Brandy »
Champagne »
Gin »
Grillon »
St-James »
Derby »
Omnium »
Max »
Waller's »
} 3 F.

Manhattan »
Oscar »
Dada »
Sherry Cobler
Champagne »
Porto »
} 4 F.

Café Glacé 1 F. 50

Porto Flipp
Brandy
Sherry
} 3 F. 50

Egg Nogs
Fizzes
Sours
} 4 F.

Sangarees
Pick me Hup
Kiss me Quick
} 3 F. 50

Pousse Café 5 F.

Pêle-Mêle Mixture 2 F. 50

Grillon Cup 3 F. 50

John Collins Gin
Brom
Clover Club
} 3 F. 50

Mousse Moka 2 F. 50

Florio

Whisky
Soda
— 5 F. —

4 Louis Aragon, *Le Paysan de Paris*, Paris 1926, Getränkekarte des Café Certa

Café Certa ab (Abb. 4). Darauf gibt es einen «Dada Cocktail» für vier Franc, allerdings ist der «Kiss me Quick» um 50 Centimes günstiger. Und im Café Certa gerät man leicht ins Träumen: «Genau hier kommt der Surrealismus voll auf seine Rechte. Man reicht einem ein Tintenfass, das mit einem Champagnerkorken verschlossen wird, und man ist sofort in Form. Bilder, sie fallen herab wie Konfetti. Bilder, Bilder, überall Bilder.» Diese Szene erinnert an jene, in der Breton Soupault als jemanden skizziert, der in Cafés zu schreiben beliebte und stets ausrief: «Garçon, etwas zum Schreiben.» Bemerkenswert ist allerdings, dass Aragon im Café Certa Dada und Surrealismus gleichlaufen lässt. Auch dieses Detail zeigt, dass man den Dadaismus als Vorreiter organisch in die surrealistische Bewegung einzugliedern versuchte. Doch die Bilder, die auf das erzählende Ich niedergehen, sind eindeutig surrealistischer Natur. Es sind die Phantasie, die Imaginationskraft, das Blitzlicht der sprachlichen Bilder, die das Erlebte formen – genau so, wie es Breton in seinem Manifest von 1924 beschrieben hat. Das beobachtende Ich befindet sich nicht im Zentrum des Geschehens, eher ist es so, dass das Geschehene als etwas Gesehenes auf das Ich einwirkt: «Der Zufall, genau dies ist mein Erfahrungsreichtum.» Gemeint ist der «hasard objectif», wie Breton ihn später benennen wird: Der objektive Zufall ist von den Objekten abhängig, auf die das beobachtende Ich trifft. Im *Paysan de Paris* sind dies auch seltsame Schilder. Da gibt es eine «Traumopernpassage», und auf einem anderen wird das Flüchtige und Vergängliche genannt: «F. M. B. (folie – mort – rêverie)» – «Wahnsinn – Tod – Träumerei». Und dann heißt es: «Die Tatsachen lassen mich umherirren.» Die Objekte im urbanen Terrain machen aus dem surrealistischen Flaneur einen «chevalier errant», einen umherirrenden Ritter. Die angebotenen Waren und die vorbeieilenden Menschen, die Geräusche, die flüchtigen Worte prasseln wie ein Bilderregen auf den umherirrenden Flaneur ein, der sie wachträumend in sich aufnimmt: «Das, was mich durchdringt, ist ein flüchtiger Ich-Blitz. Ich werde nichts ungenutzt lassen, denn ich bin die Passage aus Schatten und Licht, ich bin gleichzeitig das Abendland und die Morgenröte. Ich bin eine Grenze, eine Linie.

Auf dass sich alles im Wind vermische, genau hier alle Worte in meinem Mund. Und das, was mich umgibt, ist eine Kräuselung, die scheinbare Welle eines Schauders.» Das Schaudern des umherirrenden Ichs betrifft die Objekte, die es wahrnimmt. Bei dieser schier grenzenlosen Wahrnehmung von Orten, Menschen und Dingen im urbanen Terrain befindet sich das Ich an der Peripherie und nicht im Zentrum, als könnte es alles verstandesmäßig ohne Probleme ordnen. Dieses Ich ist eben ein «Ich-Blitz» («un éclair moi-même»), auch deswegen, weil es im Wahrnehmen der Bilder der surrealistischen Radikalmetapher nahesteht. Und wenn Aragon am Ende seines Buches eine Metaphysik jenseits aller (göttlichen) Transzendenz sucht, so schleicht sich das Transzendente durch die Hintertür wieder ein, nämlich «le merveilleux»: «Das Wunderbare, das ist der Gegensatz, der in der Wirklichkeit erscheint.» Das Wunderbare zeigt sich in der flüchtigen Erhabenheit des Alltäglichen.

Aragons *Paysan de Paris* weist sowohl in die Vergangenheit als auch in die Zukunft. Ein Ahne der Surrealisten ist Charles Baudelaire. Das betrifft seine literarischen Texte wie auch eine seiner Aktivitäten: Er durchstreifte Paris als Flaneur. Das zeigt sich in vielen Gedichten aus dem Band *Die Blumen des Bösen*, jedoch noch stärker in seinen Prosaskizzen («Petits Poèmes en Prose») des Bandes *Der Spleen von Paris*. Im Text *Die Menschenmengen (Les Foules)* taucht der Dichter in die Massenbewegung des urbanen Terrains ein. Er merkt dahinträumend, dass er hier nicht Mittelpunkt des Geschehens, sondern Teil der steten Betriebsamkeit ist. Das schreibende Ich wird von einer Art erotischem Fieber erfasst, trunken von dieser «universellen Kommunion». Aragon ist seinem Ahnen Baudelaire auf der Spur, wenn er seine traumhaften Beobachtungen als Flaneur niederschreibt. In Walter Benjamins sozialphilosophisch-literarischem Projekt *Das Passagen-Werk*, an dem er etwa ab 1927 zu arbeiten begann, ist Baudelaire seine Leitfigur durch das Paris der Passagen und der urbanen Veränderung durch die Stadtplanung des Barons Haussmann. Benjamin las aber auch Aragons *Le Paysan de Paris*. Seine Lektüre darf man als Initiationserlebnis hinsichtlich seiner Projektplanung bezeichnen. Im Laufe seiner

Arbeit distanzierte sich Benjamin etwas von Aragon, doch im *Passagen-Werk* hielt er fest: «Der Vater des Surrealismus war Dada; seine Mutter war eine Passage. (...) Auf diese Passage hält im ‹Paysan de Paris› Aragon den bewegendsten Nachruf, der je von einem Mann der Mutter seines Sohnes ist gehalten worden.» Doch es ging Aragon und den Surrealisten nicht nur um das Heraufbeschwören von Vergangenem. Das Flanieren durch Paris hatte Methode. Dieses methodische Umhergehen hat Mitte der 1950er Jahre die in Paris agierende Künstlergruppe «Internationale Situationniste» (unter der Ägide von Guy Debord und Asger Jorn) weiterentwickelt: Ihnen ging es um ein urbanes Umherschweifen («dérive»). Im Entwenden («détournement») alltäglicher Gegebenheiten wurden künstlerische Situationen kreiert. Später nannten dies die Situationisten «Psychogeographie» – ein Terminus, der heute in Kunst, Stadtsoziologie und urbaner Architektur zum Tragen kommt. Man könnte daher sagen: Der Surrealist Aragon ist mit seinem *Paysan de Paris* der «Ahnherr» ebendieser «Psychogeographie» (mit Baudelaire und Benjamin im Hintergrund).

André Bretons *Nadja* (1928 verfasst und dann nochmals 1962 umgearbeitet, Abb. 5) spielt ebenfalls in Paris. Der Text beginnt mit dem Satz «Wer bin ich?». Die Antwort wird aber vertagt zugunsten von Bretons Schilderung der Begegnungen mit Nadja. Nadja ist eine junge Frau, die über seherische und halluzinatorische Fähigkeiten verfügt, am Schluss endet sie in der Psychiatrie. Die Begegnung mit der jungen Frau, die sich «Nadja» nennt, hat einen realen Hintergrund. Breton traf sie, die mit bürgerlichem Namen Léona Delcourt hieß, Anfang Oktober 1926: Im März des Folgejahres begann ihr langer Leidensweg durch geschlossene Anstalten. Die Magie, die von Nadja ausgeht, macht diese Frau für Breton zur ausgezeichneten surrealistischen Figur, ja, zu seiner surrealistischen Muse. Mit ihr gemeinsam liest er Gedichte bevorzugter Autoren, im Besonderen Gedichtzeilen, die von kühnen Metaphern trunken sind. Aber dann ist es Nadja selbst, die surrealistische Sprachbilder erzeugt, etwa: «Die Klaue des Löwen umklammert die Brust des Weinbergs.» Oder: «Ich wusste alles, ich habe so sehr

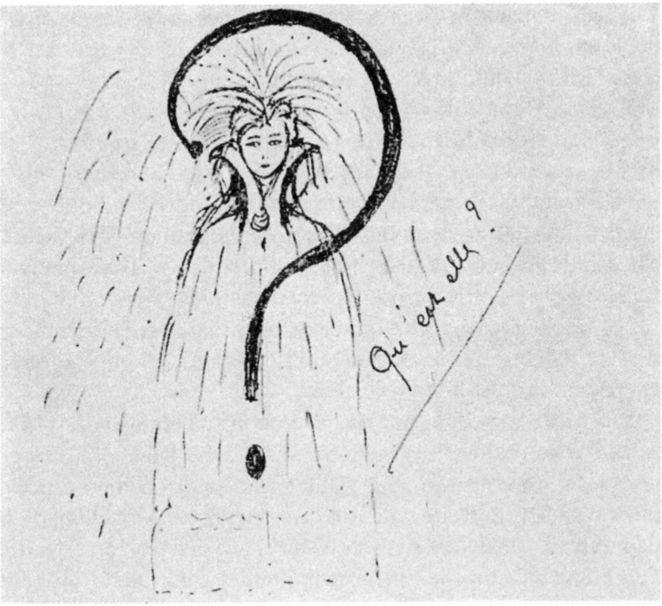

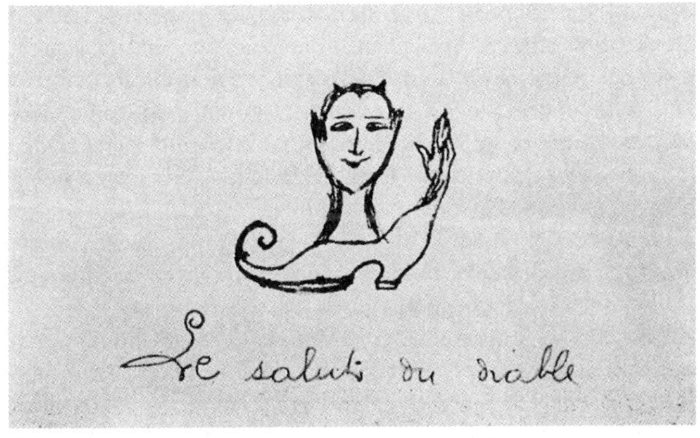

5 André Breton, *Nadja*, Paris 1928, Tafel 34,
Dessins de Nadja

versucht, in meinen Tränenbächen zu lesen.» Breton tut aber noch etwas in *Nadja*: Er nennt vielfach Namen surrealistischer Mitstreiter – Paul Éluard, Benjamin Péret und Robert Desnos – und gibt sie mit Fotografien im Buch wieder; andere Künstler wie Max Ernst werden im Text nur genannt. Zudem führt Breton die realen Orte in Paris an, die er mit Nadja aufsucht – etwa die Place du Panthéon, die Porte Saint-Denis oder den Boulevard Magenta. Damit kommt in *Nadja* auch ein autobiographisches Element ins Spiel: das Flanieren der Surrealisten. Die Anfangsfrage «Wer bin ich?» ist nur beantwortbar, indem man die Aufzeichnungen Bretons liest und dabei die Magie der Sprachbilder und das Changieren zwischen Surrealität und Realität bewusst wahrnimmt.

Wie schon erwähnt, äußerte Breton in seinem Manifest von 1924 starke Vorbehalte gegenüber surrealistischer Prosa. Hat er also vier Jahre später seine Meinung revidiert? Ja und nein, muss man sagen. Denn alle Prosaarbeiten Bretons zeichnen sich dadurch aus, dass sie klassische Genres wie den Roman oder die Erzählung zu umgehen versuchen. *Nadja* nennt der Autor im Text selbst «récit», was «Erzählung», aber auch «Bericht» bedeuten kann. Die Zusammentreffen mit der jungen Nadja sind der Realität entnommen, ebenso die Begegnungen mit surrealistischen Mitstreitern und das Aufsuchen von Orten in Paris. Doch die Einbettung dieser Ebenen erfolgt auf romaneske Weise, allerdings mit klaren autobiographischen Bezügen. Dazu kommt noch, dass sich im Buch zahlreiche Abbildungen befinden, von Orten, Personen, Zeichnungen. Auch gleicht Breton als Ich-Erzähler einem Flaneur, so wie Aragon in *Le Paysan de Paris*, selbst dessen «Théâtre Moderne» taucht wieder auf. Dann gibt es jedoch auch Einschübe theoretischer Natur, zu surrealistischer Literatur oder zu Sigmund Freud. Und man darf auch keineswegs unterschlagen, dass die Begegnung Bretons mit Nadja starke Elemente einer Liebesgeschichte aufweist, einer Liebesgeschichte, die sogar romantisch-sakrale Züge hat. An einer Stelle im Text küsst der Ich-Erzähler (Breton) die «sehr schönen Zähne» Nadjas. Sie wiederum deutet diesen Kuss als «Kommunion», sie vollziehe sich «in der Stille». Dies deswegen, so Nadja, weil dieser Kuss bei ihr «den Eindruck von etwas Heiligem hinterlasse», wobei die Zähne «die Stelle einer Hostie» einnähmen. Wir erinnern uns: Baudelaires (und auch Aragons) «universelle Kommunion», verbunden mit einer Art erotischem Fieber, vollzieht sich in der Menschenmasse. Der Kuss der Zähne Nadjas vollzieht sich in der Stille, in einem kurzen Moment, in dem die Geschäftigkeit der Großstadt ausgeblendet ist. Und doch findet der Kuss im urbanen Terrain statt. Jegliche Kommunion ist an den anderen, an die anderen gebunden und ist niemals Akt eines einzelnen Ichs.

Nadja beginnt mit der Frage «Wer bin ich?». An einer Stelle im Prosatext fragt Breton Nadja, wer sie sei. Und sie antwortet, ohne zu zögern: «Ich bin die umherirrende Seele.» Diese «âme errante» gleicht dem «chevalier errant», dem surrealistischen Flaneur als umherirrendem Ritter im Getümmel der Metropole – so wie man ihm in Aragons *Le Paysan de Paris* begegnet. Descartes' «Ich denke, also bin ich» wandelt sich in ein «Ich sehe, ich liebe, ich phantasiere, also bin ich Funken». Aragons «Ich-Blitz» («un éclair moi-même») erscheint hier wieder. Das Ich der Wahrnehmung, der Phantasie, der Niederschrift ist kein Irrtum, es wird aber zum Irrweg, wenn man es zum Zentrum allen Sehens, Begreifens und Fühlens stilisiert. Man hat öfters versucht, Bretons *Nadja* in thematische Blöcke zu teilen, in der Mitte schreibt der Autor sogar in der Form eines Tagebuchs. Doch all diese Versuche vergessen, dass Breton genau solche logischen und der Vernunft geschuldeten Regelstrukturen aushebeln möchte. Das Ich ergibt sich den Zufällen beim Umherschweifen im urbanen Terrain. In gewisser Weise gleicht *Nadja* Freuds Begrifflichkeit der «Verdichtungsarbeit» des Traums. Der Ich-Erzähler (Breton) hält Nadja für einen «jener Luftgeister, die es einem augenblicklich erlauben, sich durch bestimmte Praktiken der Magie an sie zu binden». An solch wundersame Wesen möge man sich aber nie gänzlich binden, denn eine Gefahr wird am Horizont sichtbar: der Wahn-Sinn. Und doch kann Breton im Angesicht Nadjas ein Ziel anvisieren: «Kann sein, dass das Leben danach verlangt, wie ein Kryptogramm entschlüsselt zu werden.»

Der Geheimtext, das Symbolrätsel des Lebens führt naturgemäß auch ins Unbewusste und in Traumebenen. Der ausgebildete Arzt Sigmund Freud versuchte, mit neuen Methoden mentale Krankheiten zu heilen. Die Surrealisten, allen voran Breton, entwickeln den dadaistischen Nonsens, den Un-Sinn weiter in Richtung Wahn-Sinn. Ihn gilt es nicht zu heilen, sondern ihn gilt es als künstlerisches Mittel und als Ausdruck einer anderen Lebensform gegen die bürgerliche Vernunft nutzbar zu machen. Doch das hat seine Grenzen, wie *Nadja* eindeutig zeigt. Als Breton erfährt, dass Nadja in eine geschlossene Anstalt eingeliefert wurde, reagiert er im Buch mit einer Hasstirade auf die Psychiatrie. Wegen der Methoden der Psychiater habe er es nicht gewagt, sich nach dem Befinden Nadjas zu erkundigen. Léona Delcourt hat als «Nadja» literarische Berühmtheit erlangt, doch den Leidensweg durch geschlossene Anstalten ging sie ohne Unterstützung Bretons. Auch als Antonin Artaud, einige Jahre Mitglied der Surrealisten, 1937 psychisch erkrankte, weigerte sich der Surrealisten-Leader, ihn in der Irrenanstalt zu besuchen. Das Wunderbare der Liebe, «die Erfüllung des Wunders», von der Breton mit Pathos spricht, bekommt so einen schalen Beigeschmack. *Nadja* endet mit den Worten: «Die Schönheit wird KONVULSIV sein oder sie wird nicht sein.» Konvulsionen sind anfallartig auftretende Muskelkontraktionen, wie sie besonders bei Epilepsie vorkommen. Epileptiker wurden öfters als mirakulöse Heilige angesehen, etwa Schamanen. Nach der katholischen Lehre helfen die Heiligen Valentin und Veit («Veitstanz») gegen Epilepsie. Sie wird daher auch als «morbus sacer», als heilige Krankheit, bezeichnet. Bretons postulierte «Schönheit» ist also keine der stillen Erhabenheit, sondern sie ist konvulsivisch-eruptiv – und daher in gewisser Weise heilig als das sich ereignende Wunderbare.

1937, also beinahe zehn Jahre nach dem Erscheinen von *Nadja*, nimmt Breton in *L'amour fou* zwei Motive wieder auf: zum einen die unumschränkte Liebe zu einer Frau. Gemeint ist die Begegnung mit Jacqueline Lamba 1934 im Café Cyrano an der Pariser Place Blanche. Ein paar Monate später wird Lamba Bretons zweite Ehefrau. Im Prosatext verherrlicht er diese Liebesbeziehung in höchsten surrealistischen Tönen, ja, wenn es je eine surrealistische Minnedichtung gegeben hat, dann ist sie in *L'amour fou* verwirklicht worden. Jacqueline Lamba findet im Folgenden nochmals Erwähnung – doch nicht als Muse und geliebtes Wesen des Surrealisten-Leaders, sondern als eigenständige Künstlerin. Das zweite Motiv ist die in *Nadja* postulierte konvulsivische Schönheit. Beide Motive verbindet ein bereits bekannter Begriff: «révélation», «Offenbarung». Breton weist sogleich darauf hin, man möge ihm keine «regressiven Tendenzen» unterstellen. Aber was meint «Offenbarung» hier? Bretons Antwort hat es in sich: «Ich stelle also klar, dass ich hier dieses Wort keineswegs in seiner metaphysischen Bedeutung benutze, dass es mir aber einzig stark genug erscheint, um die unvergleichliche Ergriffenheit zum Ausdruck zu bringen, welche mir in diesem Sinn gegeben wurde, um dies zu empfinden.» Ob im französischen Original oder in der deutschen Übersetzung – dieser Satz Bretons ist und bleibt sibyllinisch. Das Leben ist eben ein Kryptogramm, das entschlüsselt werden will, wie es in *Nadja* heißt. Und dennoch ist einsichtig, worauf Breton strategisch zielt: Er möchte eine «Offenbarung» jenseits der Religion, ohne allerdings auf die tradierte Strahlkraft des Wortes verzichten zu wollen. Die «Offenbarung» soll in Richtung Magie gehen. Schon im Manifest von 1924 betonte Breton die «Geheimnisse der surrealistischen magischen Kunst». Es bleibt aber fraglich, ob Magie gänzlich jenseits des Religiösen – welcher Form auch immer – gedacht werden kann.

In *Nadja* wurde die konvulsivische Schönheit proklamiert. In *L'amour fou* präzisiert Breton: «Die konvulsivische Schönheit wird erotisch-verschleiert, hervorbrechend-fest, magisch-angemessen sein oder sie wird nicht sein.» Was dies konkret bedeutet, beschreibt Breton ausführlich im Buch, und zwar in zwei Szenen. Um sich die konvulsivische Schönheit bildlich vorzustellen, so Breton, müsse man sich einen Gegenstand in seinem wechselseitigen Verhältnis von Ruhe und Bewegung vor Augen führen. Breton bietet seiner Leserschaft folgendes Beispiel: die Fotografie einer antriebsstarken Lokomotive, die man über Jahre der Vegetation eines Urwalds ausgeliefert hat. Dieses Bild mit seinem «sicherlich magischen Aussehen» versetzt Breton in eine eigenartige Erregung, weil es genau dahin weist, wo es die konvulsivische Schönheit zu entdecken gilt. Nimmt man die zwei Bildelemente «Lokomotive» und «Urwald» und das Aufeinandertreffen der beiden im gemeinsamen Bild, dann ist man nicht weit entfernt von der Beschreibung der surrealistischen Radikalmetapher: Erst die große Entfernung der beiden Bildbereiche voneinander erzeugt das assoziative Licht des Gesamtbildes, jene «Schönheit des erzielten Funkens». Stellen wir uns einmal vor, Breton hätte seine Idee realisieren können. Eine ausgediente Lokomotive wird in einen Urwald gestellt. Breton, mit einem Fotoapparat oder mit einer Videokamera bewaffnet, beobachtet den Vorgang mehrere Monate lang. Was er mit seiner Dokumentation schließlich künstlerisch beschreiben könnte, wäre die Umkehrung der für unser Alltagsbewusstsein gewohnten Vorstellung: Die Lokomotive, die man eindeutig mit Bewegung und technischem Fortschritt assoziiert, steht still, die Natur, deren Fortschreiten wir selten in allen minuziösen Details wahrnehmen, beginnt die Lokomotive langsam, aber sicher zu umschlingen, macht sie schließlich zu einem Teil ihrer selbst. Das ergibt die Umkehrung der gängigen Anschauung von Ruhe und Bewegung. Die konvulsivische Schönheit zeigt sich hier als «hervorbrechend-fest», den Vorgang selbst kann man als «magisch-angemessen» bezeichnen. In *L'amour fou* gibt es zahlreiche Fotografien. Breton bedauert allerdings, dass es ihm nicht möglich sei, dem Buch die Abbildung einer Lokomotive im Urwald beizugeben. Das ist seltsam, denn im Jahr des Erscheinens von *L'amour fou* findet sich in der Nummer 10 der surrealistischen Zeitschrift *Minotaure* eben genau eine derartige Fotografie. Sie dient hier zur Illustration eines Beitrags Benjamin Pérets mit dem Titel *Die Natur verschlingt den Fortschritt und überholt ihn*. Und genau das wollte Breton mit seinem Beispiel im Buch *auch* sagen!

Die zweite Szene hat autobiographische Züge. In Begleitung des Malers und Bildhauers Alberto Giacometti unternimmt André Breton einen Ausflug auf den Pariser Flohmarkt. Beide sind sie offen für die «trouvaille», die «Findung», ja geradezu begierig, auf ein «objet trouvé», auf ein «gefundenes Objekt» zu treffen. Das hat seine Gründe. Giacometti arbeitet gerade an einer weiblichen Skulptur und kommt bei der Gesichtspartie nicht weiter. Breton geht das aus dem Traumbereich stammende Satzfragment «le cendrier Cendrillon» («der Aschenbecher Aschenputtel») nicht aus dem Kopf. Und so hat er den befreundeten Bildhauer gebeten, ihm einen kleinen Pantoffel zu modellieren, um ihn – einmal in Glas gegossen – als Aschenbecher zu verwenden. Giacometti kommt allerdings der Bitte nicht nach. So tragen beide einen Wunsch mit sich herum, der sich momentan nicht realisieren lässt und den sie voll Begehren («dèsir») auf andere Gegenstände kanalisieren. Mit Sigmund Freud im Handgepäck betreten die beiden den Flohmarkt. Nach längerem Hin und Her kommt es tatsächlich zur Findung zweier Gegenstände: Der eine ist eine Maske, die der Maler ersteigert. Und Breton wird sich in seinem Text sehr beeilen, die hilfreiche, fast heilende Funktion dieses Gegenstands anzuführen: Gleichsam wie durch Traumeshand gelingt es Giacometti, in der Anwesenheit und durch den An-Blick der Maske hindurch das Gesicht jener weiblichen Skulptur zu realisieren.

Bretons gefundener Gegenstand wiederum ist ein größerer Holzlöffel bäuerlicher Fertigung (Abb. 6). Wieder allein, fällt es Breton bei der Betrachtung dieses Objekts wie Schuppen von den Augen: Der Löffel hat die Struktur eines Schuhs – eines Pantoffels, wie ihn Aschenputtel trug. Bretons Wunsch ist also in Erfüllung gegangen! Aber das ist beileibe nicht alles. Der Löffel zeitigt eine immer intensiver werdende assoziative Bewegung, die ins Unbekannte führt. Da ist einmal die Assoziation zu Aschenputtels Pantoffel. Der lange Stiel von Bretons erstandenem Löffel läuft in einem kleinen Damenhalbstiefel aus. Das ist das sichtbar Besondere an ihm. Der Löffel lässt auch an die vielen Küchengeräte denken, die Aschenputtel bei ihren häuslichen Tätigkeiten verwendet. Außerdem spaltet sich der Holzlöffel für den Kenner des Märchens auf in die Holzpantoffeln, die Aschenputtel während ihrer Dienste als Hausmagd anhat, und die mit Silber bestickten Pantoffeln aus Seide, die Aschenputtel auf dem Fest für den zu vermählenden Prinzen trägt. Die Assoziationen

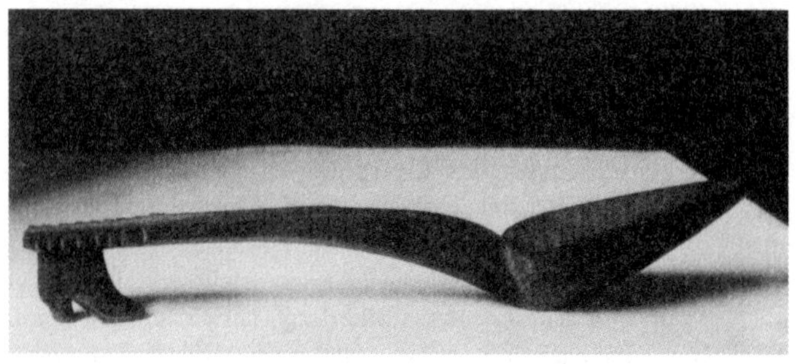

6 André Breton, *L'amour fou*, Paris 1937, Holzlöffel, Foto von Man Ray

verdichten sich dadurch, dass Bretons gefundener Gegenstand, der Holzlöffel, als Festpantoffel Aschenputtels die Form des «objet perdu», des verlorenen Objekts, annimmt, da ja Aschenputtel ihren Schuh durch die List des Prinzen verliert. Aber durch den verlorenen Schuh findet der Prinz im Märchen die Trägerin wieder. Es geht also um eine Pendelbewegung zwischen «objet perdu» und «objet trouvé». Breton deutet die Szene, in der der Prinz Aschenputtel den Pantoffel anprobieren lässt und er ihr als Einziger passt, als sexuelles Hintergrundmotiv des Märchens. Aber genau durch diese Deutung werden (fast) die ganze Assoziationsdichte und das Analogieverhältnis, also die Magie der Umstände der konvulsivischen Schönheit, offenbar. Bretons gesamtes Analogiefeld lautet: «der Aschenbecher Aschenputtel» – Pantoffel – Penis. Sein auf dem Flohmarkt erstandener Gegenstand – so wie er in *L'amour fou* abgebildet ist – könnte der Form nach auch ein archaischer Kultgegenstand sein, der auf sexuelle Riten verweist, und die Analogie von Löffel und Pantoffel mündet in eine fast schon klassisch zu nennende psychoanalytische Märcheninterpretation. Was Breton hier schildert, ist an sich eine individuelle, subjektive Erfahrung, die allerdings für jeden intuitiv nachvollziehbar ist. Breton macht ernst mit der Ansicht, dass die konvulsivische Schönheit und ihr (Kunst-)Objekt etwas Wandelbares ist, wie es auch beim Bild der vom Urwald umgebenen Lokomotive schon deutlich wurde. In *L'amour fou* erzählt Breton ein persönliches «Erlebnis» als Fallstudie für ein Konzept hinsichtlich der Wahrnehmung der Dinge – hin in Richtung der Erforschung des Unbekannten. Seine «konvulsivische Schönheit» ist eine Kunst in steter Bewegung, ihr Kunst-Objekt ergibt ein vielschichtiges Netz von Assoziationen und Analogien, von dem man nicht weiß, ob, wann und von wem es zu Ende gewoben wird.

Genauso wie in Bezug auf *Nadja* lässt sich bei *L'amour fou* fragen, welchem literarischen Genre der Text zuzuordnen wäre. Dass Breton in seinem Manifest von 1924 Prosaformen äußerst skeptisch gegenüberstand, wurde schon erwähnt. Sätze wie «Die Gräfin ging um fünf Uhr fort» wolle er nie wieder lesen müssen. Doch bald musste der Surrealisten-Leader einsehen, dass sich viele Dinge nicht einfach in Gedichtform gießen ließen. Neben dem Manifest als Gestaltungsmittel griff er zur Strategie, die Konventionen bürgerlich-realistischer Erzählweise mittels Durchkreuzungen zu desavouieren. In beiden Prosatexten vermischen sich die Ebenen: Es gibt jeweils eine Liebesgeschichte, es gibt Reflexionen zur Ästhetik des Surrealismus, es gibt autobiographische Elemente. Und es gibt zahlreiche Abbildungen, etwa Fotografien von Künstlern wie Jacques-André Boiffard, Brassaï, Henri Cartier-Bresson, Dora Maar, Man Ray, Bilder von Georges Braque und Pablo Picasso und Zeichnungen von Léona Delcourt. Das alles bedingt ein vielschichtiges Netz von Assoziationen, Analogien und Beziehungen, das keineswegs die Ebene des Erzählens leugnet, jedoch die von Bildungsbürgern erwarteten Erzählmuster aufbricht. Und ähnlich wie in Aragons *Le Paysan de Paris* ist das erzählende Ich nicht das Zentrum der Wahrnehmung und des Berichtens. Es wird stets affiziert von den Objekten und den Beobachtungen. Das erzählende Ich ist ein «Ich-Blitz» («un éclair moi-même»), wie es Aragon nannte.

Aragons *Le Paysan de Paris*, Bretons *Nadja* und *L'amour fou* gelten als Referenzwerke für surrealistische Prosa. Doch wie steht es mit den weiteren Mitstreitern? Da ergibt sich ein etwas anderes Bild. Benjamin Péret veröffentlichte 1925 die Prosaarbeit *Es war einmal eine Bäckerin*. Schon die Auswahl der beiden Hauptakteure lässt aufhorchen: eine Pariser Bäckerin und

Papst Pius VII. Er war es, der Napoleon Bonaparte exkommunizierte. Nach dem Willen des Autors kennen sich Pius und die schöne Bäckerin seit ihren Kindheitsstreichen. Sie selbst ist niemand anderes als Joséphine de Beauharnais, die erste Frau Napoleons. Pius und die Bäckerin treten eine Tour de Force durch Paris an, erleben seltsame Abenteuer und treffen auf den französischen Ministerpräsidenten Raymond Poincaré, der sich an einem Hammelkeulenknochen tödlich verschluckt hat und ab da als sprechende Eiche durchs Leben schreitet. Am Schluss meint der Autor, dass Papst Pius doch alles habe, um glücklich zu sein, den Vatikan und die Bäckerin. «Was willst du, dass ich jetzt mit dir mache? Nichts ... Also dann. Adieu.» Man sieht, *Es war einmal eine Bäckerin* ist ein skurriles, manchmal auch etwas schlüpfriges Werk – sehr nahe am dadaistischen Nonsens, sehr weit entfernt von surrealistischer Thematik.

1927 veröffentlichte Robert Desnos die Prosaarbeit *Die Freiheit oder die Liebe!* Aufgrund der Länge und der Erzählkomposition könnte man auch von einem kürzeren Roman sprechen. Folgt man dem Titel, so geht es nicht einfach um freie Liebe, sondern um gesellschaftliche Freiheit in einem anarchischen Sinn, im Rahmen derer sich das Individuum verändern soll. Das betrifft auch den Autor, wie man zu Beginn der Lektüre feststellt: «Robert Desnos. Geboren in Paris am 4. Juli 1900. Gestorben in Paris den 13. Dezember 1924, an dem Tag, an dem er diese Zeilen verfasst.» Im Moment des Schreibens ändert sich also auch das Verhältnis von Leben und Tod beim Autor. Zu Beginn des Textes flaniert der Ich-Erzähler durch Paris. Unter den Arkaden der Rue de Rivoli begegnet er Louise Lame («lame» bedeutet auf Deutsch Rasier- oder Messerklinge). Während er sie auf ihrem Weg durch die Pariser Straßen verfolgt, entledigt sie sich all ihrer Kleider: «Louise Lame ist nunmehr nackt, ganz nackt im Bois de Boulogne.» Die zweite Hauptfigur ist der Freibeuter Sanglot («sanglot» meint jemanden, der schluchzt, der in Tränen ausbricht). Sanglot und Lame sind ein Liebespaar und sie leben ihre Sexualität jenseits gesellschaftlicher Konventionen frei aus. Und genau in diesem Zusammenhang meldet sich die Stimme des Ich-Erzählers bekenntnisartig: «Ich glaube noch an das Wunderbare der Liebe, ich glaube an die Wirklichkeit der Träume, ich glaube an die Heldinnen der Nacht, an die Schönen der Nacht, die sich in die Herzen und Betten schmuggeln.» Und an den Autor gerichtet heißt es: «Zähle, Robert Desnos, zähle, wie viele Male du die Worte ‹wunderbar› und ‹wunderschön› verwendet hast ...». «Le merveilleux», «das Wunderbare», zeigt sich im Flanieren durch das urbane Terrain. In dieser Hinsicht ähnelt Desnos' Prosatext Aragons *Le Paysan de Paris*. Doch ist dieses Flanieren an das Begehren («désir») gebunden, ebenso an Sanglots Verlust der Liebe von Louise Lame. So irren beide durch die Straßen und über die Plätze der Seine-Metropole, ohne einander wiederzufinden. Dazwischen setzt Desnos noch einen Forschungsreisenden, der das urbane Terrain wie eine fremdartige untergegangene Kultur betrachtet. Der Freibeuter Sanglot (und mit ihm der im Text genannte Robert Desnos) ist ein recht melancholischer Abenteurer innerhalb von Paris. Mit Louise Lame sucht er die freie Liebe zu verwirklichen, um so klar Position gegenüber der bürgerlichen gesellschaftlichen Moral zu beziehen: «Er berührt mich wenig, der physische Tod, denn ich lebe in der Ewigkeit. Die Ewigkeit, das ist die prächtige Bühne, auf der die Freiheit und die Liebe aneinandergeraten, um mich zu beherrschen.» *Die Freiheit oder die Liebe!* lautet der Titel von Desnos' Prosatext. Die Ewigkeit ist eine des Diesseits, sie verlangt durch die freie Liebe nach Veränderung des Lebens. Und wer wie Sanglot (und mit ihm Robert Desnos) vom Leben besessen ist, führt es täglich neu – bis in alle Ewigkeit. Dass es hier auch kritisch-religiöse Anklänge im Text gibt, verwundert kaum. Desnos schreibt: «Soeben sprach ich vom magischen Phänomen der Schrift als organische und optische Offenbarung des Wunderbaren.»

In der Prosaarbeit *Die Freiheit oder die Liebe!* geht es ums Anderssein, um eine strikte Abgrenzung vom bürgerlichen Leben. Das ist sicherlich insgesamt ein Anliegen der surrealistischen Gruppe gewesen. Das «Wunderbare» trägt immer etwas Anarchisches in sich. Philippe Soupault agiert bei seiner Prosa in zwei Richtungen: Einmal geht es um die Entlarvung bürgerlicher Konventionen, ein andermal um die Darstellung einer alternativen

Lebensform. Hier gibt es eine Nähe zu Desnos. 1927 publizierte Soupault einen kürzeren Prosatext mit dem Titel *Le Nègre*. Dieser Schwarze heißt Edgar Manning und ist – zuerst in London und dann in Paris – eine schillernde Persönlichkeit: Getarnt als Jazzschlagzeuger betreibt er seine abendlichen Geschäfte, Drogenhandel und Prostitution. Auch tödliche Schusswechsel sind ihm nicht fremd. Manning freundet sich mit dem Ich-Erzähler, einem gewissen Philippe Soupault, an. Dieser nennt den verbrecherisch agierenden Schwarzen «mon ami Manning». An verschiedenen Orten in Paris treffen die beiden einander. Und der Erzähler lässt keinen Zweifel aufkommen, dass er Manning ganz und gar bewundert: Er ist es, der die westliche Zivilisation in ihrer Beschränktheit entlarvt, er ist es, der die Vernunft der Weißen ad absurdum führt. Manning wird auch «Freibeuter» genannt. Und in der Sehnsucht nach einem ganz anderen, von Konventionen befreiten Leben ähnelt Manning dem Freibeuter Sanglot. Im selben Jahr wie *Le Nègre* veröffentlichte Soupault eine Art Gegenprogramm: *Geschichte eines Weißen*. Es handelt sich dabei um einen unverblümt autobiographischen Text. Der Autor beschreibt seine wohlbehütete Kindheit und Jugend innerhalb der französischen Hochbourgeoisie. Gleich zu Anfang des Buches zeigt der nun als Surrealist agierende Autor seine Verachtung gegenüber dem Bürgertum: «Diese Bourgeoisie behauptet, sich auf zwei Prinzipien zu stützen: die Religion und die guten Sitten. In Wirklichkeit achtet sie einfach nur das Geld.» Nichtsdestotrotz bleibt Soupault ein angepasster Mitspieler seiner Klasse. Der Erste Weltkrieg und die Entdeckung der *Gesänge des Maldoror* werfen ihn aus der vorgegebenen Bahn. Er lernt Guillaume Apollinaire und Pierre Reverdy kennen. Und dann beginnt Dada Paris, mit Tristan Tzara, Paul Éluard, André Breton und den anderen. Doch etwas ist merkwürdig. Die Gründung der Zeitschrift *Littérature*, die mit Breton gemeinsam verfasste Publikation *Die magnetischen Felder* – immerhin der wichtigste Text innerhalb des Automatischen Schreibens! – und der Begriff «Surrealismus» werden nur en passant genannt. Das Argument, dass Soupault 1926 aus der Surrealisten-Gruppe angeblich wegen allzu literarischer Tätigkeiten ausgeschlossen wurde, zählt nicht wirklich. Denn eine ähnliche Prosaarbeit wie *Geschichte eines Weißen* veröffentlichte er 1925: *En joue!* (*Legt an!* oder *In Gefahr!*). Und darin geht es ebenso um einen jungen Mann aus bourgeoisen Verhältnissen, der sich mittels Literatur befreien möchte. Auch *Le bon apôtre (Der gute Apostel)* von 1923 handelt von einer Freundschaft zwischen Soupault und einem Jugendfreund in bürgerlicher Umgebung. In *Geschichte eines Weißen* fragt sich der Erzähler (also Soupault selbst), was die Künstler von Dada und Surrealismus zusammengehalten hat: «Vermutlich etwas Unerklärliches, das Zuneigung und Komplizenschaft ähnelt, und gleichzeitig gleicht es dem Zusammenhalt jener, die im Geiste der Revolte eine Stadt in die Luft sprengen wollen.» Nur, diese Art Revolte bleibt den «Weißen» in Wahrheit verwehrt. Erst der Fremde, der Freibeuter, der schwarze Verbrecher aus Leidenschaft schafft es – zumindest in der Literatur. Eine Art Symbiose zwischen dem schönen Wilden als Verbrecher und der Kultur der Weißen schafft Soupault in dem tatsächlich als Roman bezeichneten Buch *Die letzten Nächte von Paris* (1928): Paris ist der Schauplatz von Straftaten im Kleinganovenmilieu, von Prostitution, aber auch von Mord. Eine der Romanfiguren wird sogar versuchen, die Seine-Metropole niederzubrennen – ein größenwahnsinniges Vorhaben, das kläglich scheitert. Nur folgen *Die letzten Nächte von Paris* weitgehend dem Genre der Kriminalgeschichte und haben sehr wenig mit surrealistischer Prosa zu tun. Mit einer Ausnahme: Der Ich-Erzähler im Roman ist ein Flaneur in den Straßen von Paris.

René Crevels Prosaarbeiten weisen wie die eben genannten von Soupault eine starke Abneigung gegenüber der französischen Hochbourgeoisie auf. Und genau wie Soupault entstammte Crevel dieser Gesellschaftsschicht. In *Das Cembalo Diderots* (1932) werden in kürzeren Abschnitten die bürgerliche und die christliche Welt demontiert. 1925 aus der Surrealisten-Gruppe ausgeschlossen, hielt er dennoch stets Kontakt und publizierte weiter in den «Éditions surréalistes». In *Der schwierige Tod* (1926) geht es um Vertreter der Pariser Mittelschicht, die schon bessere Tage gesehen haben: zwei Witwen und deren Kinder, Diana und Pierre. Der eine Ehemann ist verrückt geworden, der andere hat sich erhängt. So lebt man von einer mittelmäßigen Rente. Diana und Pierre wollen ausbrechen. Pierre scheint es zu gelingen, indem er sich dem Musiker Arthur hingibt. Dieser ist das Leben selbst, die Revolte der Lust und der Liebe. Und damit ähnelt er Soupaults Anti-Helden Edgar Manning aus *Le Nègre*. Pierre wird letztlich an der Beziehung zu Arthur zugrunde gehen. Er nimmt eine Überdosis Schlafmittel und schläft auf einer Parkbank ein: «Die Nacht, die Kälte, der Tod, die Freiheit.» Im Bedenken des Schlafes, des Traums und des Sterbens formuliert Crevel einen klarsichtigen surrealistischen Satz: «Man sollte vor dem Einschlafen sein Herz aus der Brust hervorholen, wie eine Brieftasche aus dem Sakko.» (Abb. 7)

Zwei weitere Publikationen nehmen eine Sonderstellung in der surrealistischen Prosa ein. 1930 publizierten André Breton und Paul Éluard die Gemeinschaftsarbeit *Die unbefleckte Empfängnis*. Zu Beginn werden in surrealistischen Sprachbildern die Stationen des Lebens beschrieben: «Die Empfängnis» – «Das Leben im Mutterleib» – «Die Geburt» – «Das Leben» – «Der Tod». Doch dann geht es um die literarische Simulation von Geisteskrankheiten. Man könnte auch von einer Literarisierung des Wahn-Sinns sprechen, so wie Dada einst den Un-Sinn propagiert hatte. Die beiden Autoren legen dabei ihre Strategie offen: Ein gänzlich normaler Mensch, der etwas poetisch veranlagt ist, müsste ohne viel Anstrengung in der Lage sein, krankhafte Geisteszustände zu reproduzieren, ohne dabei Schaden zu leiden. Dieser Mensch ist jemand, der «eine Rechnung mit der menschlichen Vernunft zu begleichen hat, dieselbe Vernunft, die uns täglich das Recht abspricht, uns mit den Mitteln auszudrücken, die unseren Instinkten zustehen». Sechs Jahre nach Erscheinen von Bretons erstem surrealistischen Manifest wird der Kampf gegen Vernunft, bürgerlichen Verstand und Rationalität weitergeführt, nicht jedoch in Form eines Manifests, sondern als Kurzprosa. Die einzelnen Titel der Textstücke gleichen jenen aus der Fachliteratur: «Der Schwachsinn» – «Die akute Manie» – «Die Paralyse» – «Interpretationswahn» – «Dementia Praecox». Die Texte selbst seien literarische «Simulationsversuche». Ein Beispiel aus dem Bereich «Schwachsinn»: «Alle Menschen sind

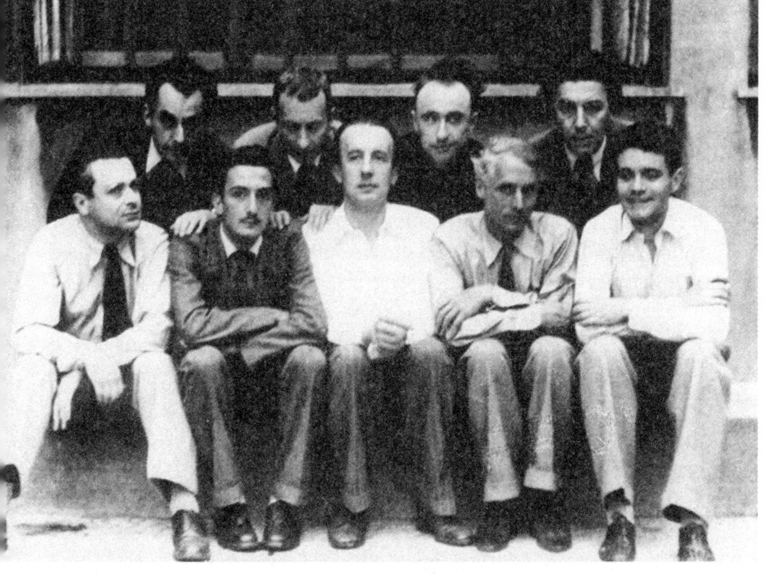

7 Gruppenfoto der Surrealisten, Paris 1930.
Hintere Reihe v. l. n. r: Man Ray, Hans/Jean Arp, Yves Tanguy und André Breton.
Vordere Reihe v. l. n. r.: Tristan Tzara, Salvador Dalí, Paul Éluard, Max Ernst und René Crevel

Verfechter der Freiheit, der Gleichheit, der Brüderlichkeit und, ich füge hinzu, der gegenseitigen Solidarität. Das ist aber kein Grund, um sich nicht gegen diejenigen zu verteidigen, die uns von der See aus angreifen. Ich habe ein geheimes Schreiben an den Präsidenten der Republik verfasst und ihn um eine Unterredung gebeten.» Ein weiteres Beispiel aus dem Bereich «Akute Manie»: «Ich schreibe, ich zeichne, ich habe ein volles Löwenmäulchen, ich habe meine Frau mit mir in meinem Bett, selbst wenn ich auf den Beinen bin.» Den Texten, die schriftliche Manifestationen von Geisteskrankheit simulieren, stehen weitere gegenüber, die den Obertitel «Die Vermittlung» tragen. Hier soll gezeigt werden, dass surreale Kurzprosa ohne Wahn-Sinns-Vor-Bild genauso funktioniert wie die Simulationen. Der

Wahn-Sinn wird zum Verbündeten der surrealistischen Literatur – wie eben auch das Automatische Schreiben und der Traumtext. Natürlich kommt auch hier Freuds Technik der freien Assoziation zum Tragen, doch der Unterschied ist offensichtlich: Freud möchte als ausgebildeter Arzt mentale Krankheiten heilen, sozusagen seine Patienten zur Vernunft bringen. Und genau das wollen die Surrealisten um keinen Preis. Der letzte Teil des Buchs ist eine Art Sammlung von Aphorismen. Darin ist zu lesen: «Greif wieder zur Rüstung, die du im Zeitalter der Vernunft abgelegt hast.»

1932 publizierte Breton *Die kommunizierenden Röhren*. Das Prinzip der kommunizierenden Röhren besteht physikalisch darin, dass in oben offenen, aber unten miteinander verbundenen Gefäßen von verschiedener Form eine homogene Flüssigkeit gleich hoch steht. Der Autor verwendet das Bild für die Gleichwertigkeit unterschiedlicher Darstellungsformen. Da geht es einmal um den Versuch, essayistisch und zugleich wissenschaftlich die Traumebene zu beleuchten. Breton kritisiert an dieser Stelle Freud als Materialisten, der die Existenz der «prophetischen Träume» leugnet. Dessen Publikation *Die Traumdeutung* müsse man hoch schätzen, doch Freuds Deutung sexueller Konnotationen im Traum sei ein Beleg für seine bürgerlich-konventionelle Sichtweise. Und was ist der Ausweg? Für Breton liegt er darin, seine eigenen Träume zu Papier zu bringen und diese zu analysieren. Aus psychoanalytischer Sicht ist dies ein gewagtes Vorhaben. Aus surrealistisch-literarischer Perspektive ergibt es das «poetisch Wunderbare», jenseits aller religiösen Bedeutung, so Breton. Was für den Surrealisten-Leader Realität und Traum verbindet, ist die Affizierbarkeit des menschlichen (künstlerischen) Geistes durch die Objekte. Wie schon erwähnt, hat Breton im Manifest von 1924 gefordert, dass der Mensch sein «Begehren» («désir») stets lebendig halten solle – «Die Poesie lehrt es ihn». Dieses «Begehren» nimmt nun in den *Kommunizierenden Röhren* wieder Gestalt an. Es ist stets an Objekte gebunden, das Subjekt rückt dabei aus dem Zentrum – ein gedankliches Zentrum, das ihm die Vernunft zuspricht – und gerät an die Peripherie. Genau hier verbinden sich Bretons

Überlegungen von Poesie (Kunst) und Traum wieder mit denen Freuds. Das Objekt-Begehren bedarf der Realisierung von vier Elementen, die man auch bei Freud findet: «condensation» («Verdichtung»), «déplacement» («Verschiebung»), «substitutions» («Vertauschungen»), «retouches» («Bearbeitungen»). In *Die Traumdeutung* sind diese Begriffe («Verdichtungsarbeit», «Verschiebungsarbeit», «Ausdrucksvertauschung», «sekundäre Bearbeitung») von zentraler Bedeutung. Um aber dieses Objekt-Begehren poetologisch festzuhalten, erschafft Breton – Friedrich Engels zitierend – einen Begriff: «la catégorie du hasard objectif», «die Kategorie des objektiven Zufalls». Schon in *L'amour fou* kennzeichnete Breton den Zufall als «das Zusammentreffen einer äußeren Kausalität und einer inneren Finalität». Die «finalité», also auch der Zweck dieses Aufeinandertreffens, liegt darin, dass das Subjekt niemals das Objekt-Begehren komplett bestimmen kann. Der «objektive Zufall» bestimmt die Dinge, die dem Subjekt zufallen und die es dann begehrt. Beim «objektiven Zufall» wird der rein subjektive Wille durch das Begehren ersetzt. Breton hat Freud ein Exemplar seiner *Kommunizierenden Röhren* zugeschickt. Das Ergebnis war genauso unbefriedigend wie das Treffen 1921 in Wien. Denn die Dankesworte des Psychoanalytikers fallen verhalten aus: «Obwohl ich so viel Interessensbekundungen von Ihnen und Ihren Freunden für meine Forschungen erhalte, bin ich selbst nicht in der Lage, mir zu verdeutlichen, was der Surrealismus ist und was er will.»

In der surrealistischen Prosa ist ein Element überall zu finden: das autobiographische Moment – und sei es die Deutung eigener Träume. In den meisten Texten ist Paris das Zentrum des Geschehens. Und dann gibt es das sozialkritische Element: In den Prosaarbeiten von Desnos und besonders von Soupault werden das Leben und die Gewohnheiten der Bourgeoisie einer heftigen Kritik unterzogen. Die Erzählweise ist hierbei zwar wenig surreal, die Zielrichtung ist es aber schon: die Revolte, das Anarchische. Der surrealistische «schöne Wilde» in Soupaults *Le Nègre* oder Desnos' Freibeuter Sanglot und Louise Lame sind Oppositionelle des Establishments. Bei Crevel wiederum scheitern diejenigen, die sich nicht mit voller Energie aus ihren bürgerlichen Verhältnissen herauskatapultieren können. Das erzählerische Ich, das literarische Subjekt in all diesen Texten bleibt allerdings unangetastet. Aragons «Ich-Blitz» wiederum bestimmt seinen *Paysan de Paris*, Bretons *Nadja* und *L'amour fou*. Als «chevaliers errant», als umherirrende Ritter, flanieren sie durchs urbane Terrain. Das erzählende Ich ist kein Zentrum der Wahrnehmung und des Berichtens. Das Wunderbare im urbanen Terrain ist die zufällige Findung von Objekten, die sich stets bewegende konvulsivische Schönheit, in der das Erhabene zwischen «objet trouvé» (gefundenem Objekt) und «objet perdu» (verlorenem Objekt) aufblitzt. Die surrealistische «Offenbarung» ist eine des Blitzes. Und der Wahn-Sinn – sei es der magische von Nadja, sei es die literarische Simulation von Formen des Wahn-Sinns – ist Teil des surrealistischen Bewusstseins, das die bürgerliche Vernunft und Logik strikt ablehnt und sich so dem Begehren («désir») hingibt. Im essayistisch-theoretischen Text *Die kommunizierenden Röhren* lässt der objektive Zufall diejenigen Objekte dem Subjekt zufallen, die es begehrt – im Traum, in der Realität, in der Surrealität. Und noch etwas erzeugt der objektive Zufall: das geheimnisvolle Lächeln «der schwarzen Sphinx des objektiven Humors», wenn in einer Erzählung Dinge und Begebenheiten irrwitzig aufeinandertreffen. 1940, also mitten im Krieg, gab Breton die *Anthologie des Schwarzen Humors* heraus. Neben französischen und englischen Autoren kommen darin auch deutsche zu Wort – Georg Christoph Lichtenberg, Christian Dietrich Grabbe, Friedrich Nietzsche, Franz Kafka und der Expressionist Jakob van Hoddis.

Literatur, Kunst und Leben – Zeitschriften

Die wichtigsten drei Zeitschriften des Surrealismus sollen in aller Kürze vorgestellt werden. *La Révolution Surréaliste* erschien von 1924 bis 1929 in zwölf Nummern. Die ersten Ausgaben sind stark durch den Abdruck von Traumtexten geprägt. Doch schon in der zweiten Nummer wird ein existentielles Thema angeschlagen, das uns schon in der Lyrik begegnet ist: der Tod. Konkret geht es um die Umfrage «Ist der Selbstmord eine Lösung?». Ergänzt wird das Thema durch den Abdruck abstrakter Zeichnungen von Picasso. Ab Nummer 3 nehmen die antiklerikalen Äußerungen zu, die stets gegen die Moral und Lebensweise der Bourgeoisie gerichtet sind. Ab dem vierten Heft schreibt Breton fortlaufend Texte unter dem Obertitel *Der Surrealismus und die Malerei*, die später auch als eigene Publikation erscheinen. Zudem übernimmt Breton jetzt die Herausgabe der Zeitschrift, eine prokommunistische Stimmung ist an einzelnen Beiträgen abzulesen. In der achten Nummer vom 1. Dezember 1926 versucht Breton im Beitrag *Legitime Verteidigung* die Berührungs-, aber auch die Trennlinien zwischen surrealistischer Lebens- und Kunstauffassung und der Kommunistischen Partei Frankreichs aufzuzeigen. Der Text zeigt erste Risse in Bretons Unterstützung eines an Stalin orientierten Kommunismus. Untersuchungen zur Sexualität und der Abdruck von Bretons *Zweitem Manifest des Surrealismus* schließen die Zeitschrift ab. In diesem Manifest rechnet Breton mit einigen der Mitstreiter ab. Die Spaltung der Gruppe, auch wegen politischer Ansichten, nimmt klare Züge an. *La Révolution Surréaliste* beinhaltet Lyrik, Kurzprosa, Aphorismen, verfasst von den bekannten Mitgliedern. Das gilt weitgehend auch für die meist in schlechter Qualität abgedruckten Bildbeigaben. Die stammen von den surrealistischen Künstlern – und von Picasso. Von Anfang an zeigt sich hier die große Verehrung der Surrealisten für den spanischen Maler.

Die Nachfolgezeitschrift trägt den Titel *Der Surrealismus im Dienst der Revolution*. Sie erschien von 1930 bis 1933 in sechs Nummern. Der Titel macht unmissverständlich klar, dass eine gewisse Politisierung die Themen bestimmt. Wie schon in *La Révolution Surréaliste* bekunden die Autoren ihr Interesse für das Werk des Marquis de Sade – er und sein Werk ein tödlicher Stachel im Fleisch bürgerlicher Moralvorstellungen. Und natürlich werden weiter Themen rund um das Traumhafte und das Unbewusste abgehandelt. Zudem finden sich Teile von Bretons und Éluards Gemeinschaftsarbeit *Die unbefleckte Empfängnis* und von Bretons *Die kommunizierenden Röhren* abgedruckt. Was aber besonders auffällt, ist die stark verbesserte Qualität der Fotoabdrucke der Werke von Künstlern wie Dalí, Marcel Duchamp, Miró, Man Ray oder Yves Tanguy. In der ersten Nummer wurden sogar Film-Stills aus Luis Buñuels *Das goldene Zeitalter* abgedruckt. Das bedeutet aber auch: Bei aller revolutionären Gesinnung darf die Kunst nicht auf der Strecke bleiben.

Die sicherlich erstaunlichste Zeitschrift des Surrealismus ist *Minotaure*, erschienen von 1933 bis 1939. Herausgeber war Albert Skira. Der schweizerisch-französische Verleger experimentierte mit den Möglichkeiten des farbigen Kunstdrucks und setzte damit hohe Qualitätsmaßstäbe. Man muss sich das Gesamtkonzept von *Minotaure* vor Augen führen: Da gibt es etwa einen Beitrag über die Malerei des Barock, diesem folgen die harten Zeichnungen André Massons, die den Titel *Massaker* tragen. Der junge Psychiater Jacques Lacan, der anders als Freud den Surrealismus als Kunstform ernst nimmt, schreibt über Stilprobleme und Paranoia. Afrikanische Kunst und Riten werden ethnologisch dargestellt. Im «Zeitalter des Lichts» stellt Man Ray großflächig seine Porträts aus. Ende 1933, Anfang 1934 findet man in *Minotaure* die ersten Farbkunstdrucke, etwa von Bildern Picassos, aber auch von einem Damenporträt des Renaissance-Malers Corneille de Lyon. Dazwischen stehen Gedichte Bretons und Éluards. Dann geht es wieder um *Paolo Uccello und die phantastische Malerei*. Breton schreibt über

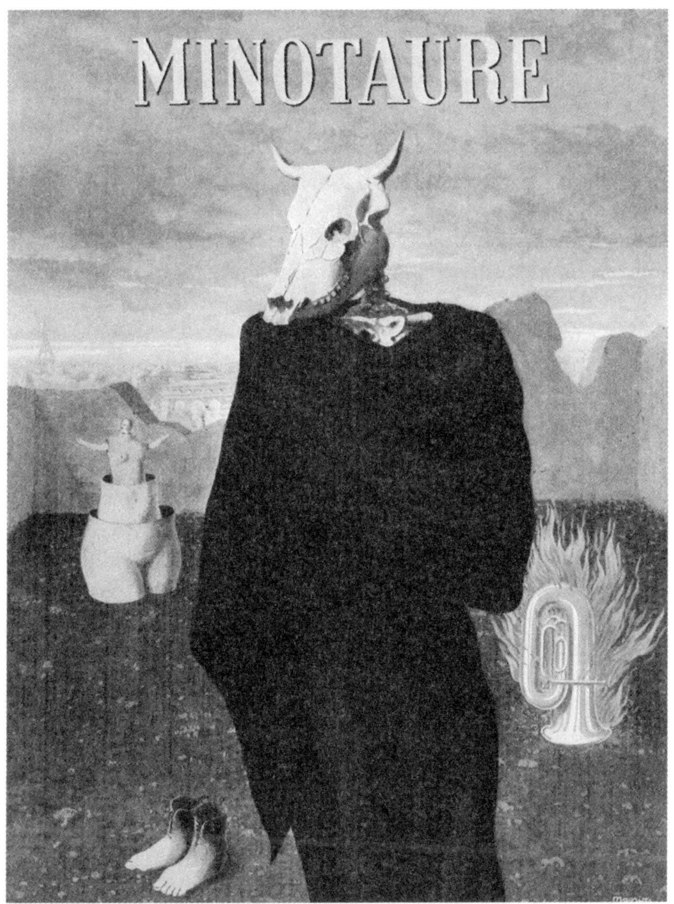

8 *Minotaure, No. 10* (1933), Cover, gestaltet von René Magritte

Das Wunderbare gegen das Mysterium. Den Symbolismus betreffend. Das Alterswerk Cezannes wird vorgestellt. Dann wieder sind Zeichnungen des Pointilisten Georges Seurat zu sehen. Péret schreibt den Beitrag *Im Inneren der Rüstung*, dabei werden Abbildungen von Ritterrüstungen mit abstrakten Papiercollagen von Arp kontrastiert. Diese Angaben zu den Beiträgen in *Minotaure* geben nur einen kleinen Ausschnitt wieder. In dieser Zeitschrift wird etwas realisiert, das bereits zu Anfang als Markenzeichen des Surrealismus benannt wurde: die selbstbewusste Aneignung von Tradition. Was in den dreizehn Nummern von *Minotaure* – mit Umschlägen von Picasso, Duchamp, Miró, Dalí, Matisse, Magritte (Abb. 8), Ernst, Masson und anderen – geleistet wurde, ist kaum zu überschätzen.

Verdichtungen, Verschiebungen – Malerei, Skulptur, Collage

Wie schon bei der Erörterung von Bretons Manifest von 1924 festgehalten, haben die für die Literatur beschriebenen Verfahren auch für die bildende Kunst des Surrealismus Geltung. Das betrifft einmal die Aneignung von Tradition. Es geht hier in einem hohen Maß um die Bildhaftigkeit in der Darstellung. Daher ergeben sich fast schon automatisch Berührungspunkte mit der Kunstgeschichte, wie wir ja bei der Zeitschrift *Minotaure* gesehen haben. Man könnte daher sagen: Ob jemand zu den surrealistischen «Kern-Malern» gehört oder nicht, zeigt sich darin, ob in den Bildern ein narratives Element, ja, eine narrative Landschaft sichtbar wird. Diese Art von bildlicher Narration ist – wie bei den Autoren – stets gegen die «Herrschaft der Logik» gerichtet. Es geht um die geistige Produktivität der Phantasie, der Einbildungskraft, des Wahn-Sinns, der Traumarbeit und des Unbewussten. Das ergibt zeichnerisch wie literarisch kommunizierende Bildbeziehungen, die das logische Denken nicht evozieren kann. In diese Richtung zielt auch das Automatische Schreiben, dessen Pendant das Automatische Zeichnen ist. Dies alles zusammen ergibt «le merveilleux», «das Wunderbare», in Kunst und Leben.

Lenken wir unsere Aufmerksamkeit nochmals den beiden bildenden Künstlern zu, die schon im Dadaismus eine gewichtige Rolle spielten: Hans Arp und Max Ernst. Wie schon erwähnt, folgte der «originaldada» Arp, wie er sich nannte, in seiner Malerei, in seinen Zeichnungen, Holzschnitten und Skulpturen abstrakten Formen. Im Surrealismus wurden diese allerdings weicher und evozierten den Eindruck abstrakter Traumgebilde. Das heißt, Arp blieb der Abstraktion aus den Dada-Jahren treu, wandelte diese aber in eine surrealistische Formgebung. Aber was heißt das konkret? Eines der bekanntesten Holzreliefs Arps aus der Zürcher Dada-Zeit ist *Die Grablegung der Vögel und Schmetterlinge*, auch *Porträt von Tzara* genannt. Es entstand 1916/17. Das dreiteilige Relief zeigt abstrakte Formen, wobei man einzelne Teile als Flügel oder gar als toten Vogel deuten kann. Das Holzrelief *Femme* (1927, Abb. 9) aus der surrealistischen Periode hat zwar auch das Vogelmotiv zum Inhalt, doch die eher abstrakten Formen sind weicher gebildet und die einzelnen Elemente haben eine konkrete Bildstruktur: Die Grundform besteht aus einem Frauenkörper, auf dem ein Vogelzug erkennbar wird. 1930 wandte sich Arp wieder der Bildhauerei zu. Zuerst waren es Torsi aus Gips. «Dann folgten ‹Konkretionen›. ‹Konkretion› bezeichnet den naturhaften Vorgang der Verdichtung, der Verhärtung des Gerinnens, des Dickerwerdens, des Zusammenwachsens», führt Arp aus. Hinsichtlich Bretons Radikalmetapher kommt es auch bei seinen Skulpturen zu einer «condensation» («Verdichtung»). Indem sich die Formen verdichten, werden diese auch konkreter, bildhafter, etwa in den ab den 1930er Jahren entstandenen Arbeiten zur *Concrétion humaine* (was sich sowohl mit «menschliche Konkretion» als auch mit «menschlicher Tropfstein» übersetzen lässt). Der Betrachter sieht und deutet nach dem «Prinzip der Ideenassoziation». Seine Skulpturen seien eben «Traumzepter. Atmende Säulen», wie Arp einmal schrieb. Und manchmal sind es auch surrealistische Traumtänzer, wie das Gemälde *Die Tänzerin* (1926/1955) zeigt.

Wie schon kurz ausgeführt, stieß Max Ernst über Hans Arp zur Surrealisten-Gruppe. Bereits 1921 organisierte Breton für den gebürtigen Rheinländer eine Ausstellung in Paris. Und mit Hilfe Éluards gelang es ihm, ein Jahr später endgültig nach Paris zu übersiedeln. Wie schon erläutert, folgen einige Arbeiten aus der Dada-Zeit einer surrealen Bildlichkeit. Zu *Die schwankende Frau* (1923, vgl. Abb. 1) meinte Louis Aragon enthusiastisch, dass damit eine neue Form von Malerei beginne. Und auch die Collage-Arbeiten Ernsts, die 1922 gemeinsam mit Gedichten Éluards in Buchform erschienen, wiesen bereits den Weg in den Surrealismus. Die Begeisterung der dada-surrealistischen Pariser Gruppe für Max Ernst und seine Bilder hat einen klaren Hinter-

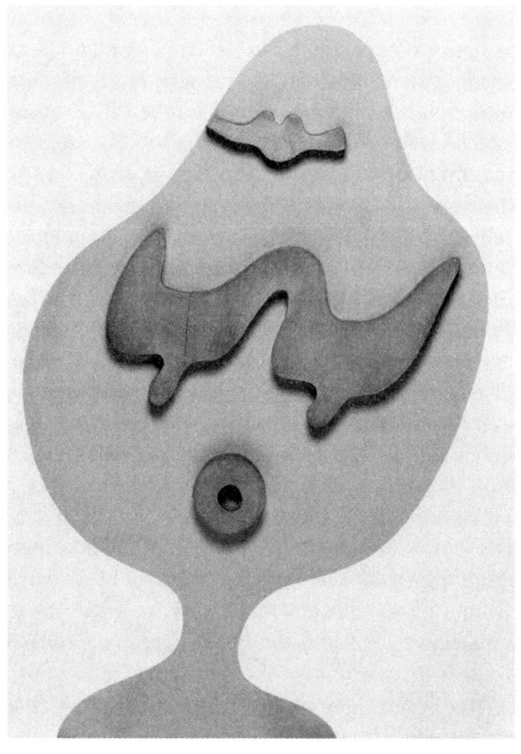

9 Hans Arp, *Femme*, 1927

grund. Bevor Max Ernst sich entschloss, Maler zu werden, studierte er an der Universität Bonn neben Philosophie und Kunstgeschichte auch Psychologie und stieß dabei auf die Texte Freuds. Besonders dessen *Traumdeutung* hatte es ihm angetan. Freuds Begriff der «Verdichtungsarbeit» im Traum steht – wie bei Breton und anderen Surrealisten – im Fokus. Auch in Ernsts Bildwelt regiert das «Prinzip der Ideenassoziation».

Ernst folgt in seinen Bildern Bretons Auslegung der Radikalmetapher: Bei der künstlerischen Ausgestaltung gehe es darum, dass «die Annäherung von zwei (oder mehr) scheinbar wesensfremden Elementen auf einem ihnen wesensfremden Plan die stärksten poetischen Zündungen provoziert». Und «je willkürlicher die Elemente zusammentreffen», umso sicherer sei «eine völlige oder partielle Umdeutung der Dinge durch den überspringenden Funken». Das ergibt einen metaphorischen Blitz, «die Schönheit des erzielten Funkens» (Breton). Dass Ernst – und andere surrealistische Maler – sich so sehr Bretons Radikalmetapher annähern können, die ja primär auf die Poesie zielt, liegt eben in einem prägenden Wesensmerkmal der surrealistischen Bildenden Kunst: Ein narratives Element, ja, die narrative Landschaft prägt das Bildgeschehen. Allerdings zeigt sich in Ernsts Bildern nach 1924 eine eigenwillige Tendenz. In *Zwei Personen und Vogel* (1926) oder in *Zwei junge nackte Chimären* (1927) ist das Bildmotiv sehr ähnlich: Die beiden Personen sind in Bewegung, wobei sich eine von beiden in genau dieser Bewegung aufzulösen scheint, also fast abstrakte Form wird. Ähnliches gilt für *Die Windsbraut* (Öl auf Leinwand) von 1927: Das Pferdemotiv ist durchaus erkennbar, aber es befindet sich im Zustand der Auflösung. Wie bei Breton ist auch in den Bildern Ernsts dessen «konvulsivische Schönheit» eine in steter Bewegung. Einer der Lieblingsautoren von Ernst war Novalis. Dieser Romantiker hat sich besonders intensiv mit dem Traum beschäftigt. In *Das allgemeine Brouillon* ist zu lesen: «Der Traum belehrt uns auf eine merckwürdige Weise von der Leichtigkeit unsrer Seele in jedes Object einzudringen – sich in jedes sogleich zu verwandeln.» Diese traumhafte Verwandlung ist konstitutiv für viele Bilder Ernsts. Die Radikalmetapher besteht nicht nur aus zwei oder mehreren Elementen, sondern diese sind auch modifizierbar. Bilder bei Ernst ergeben daher oft Metamorphosen. Verschweigen sollte man dennoch nicht, dass der Künstler auch noch bildlich mit einer Art Umkehrmetaphorik arbeitete. Auf dem Bild *Die Jungfrau züchtigt das Jesuskind vor drei Zeugen* (1926, Abb. 10) wird eine bekannte Symbolik radikalisiert: Die heilige Maria schlägt den kleinen Jesus auf den Popo, so wie man es früher bei ungehorsamen Kindern tat. Die Heiligenscheine sind noch da, doch der von Jesus ist durch den gewaltsamen Vorgang auf den Boden gefallen. Die drei Zeugen des Geschehens stehen teilnahmslos an einem Fenster im Hintergrund – es sind Breton, Éluard und der Maler. Die christliche

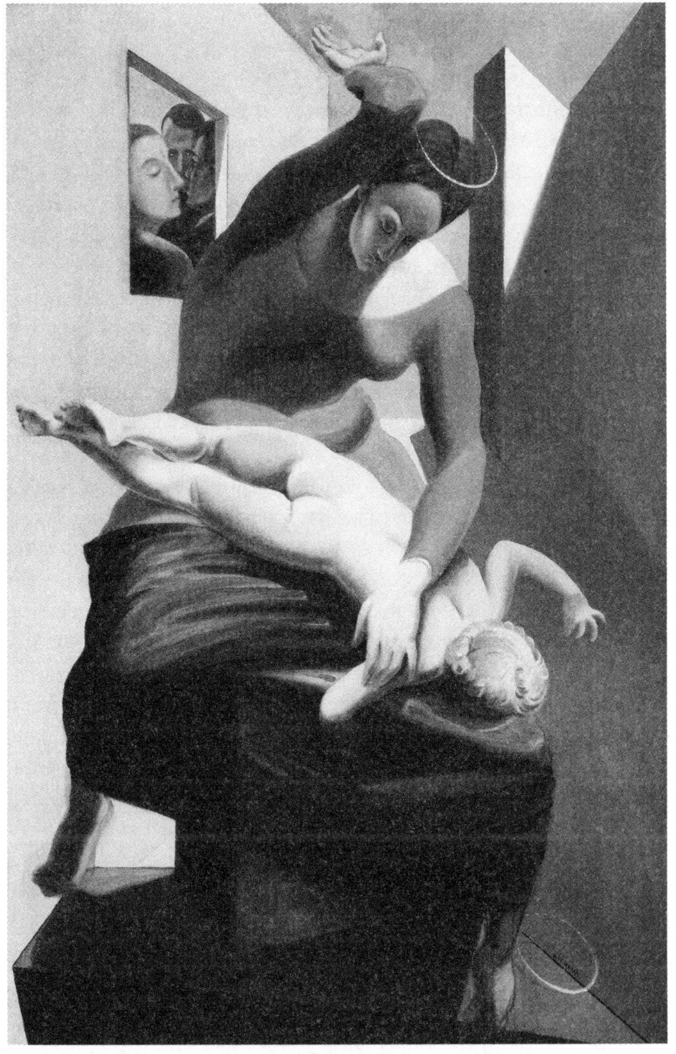

10 Max Ernst, *Die Jungfrau züchtigt das Jesuskind vor drei Zeugen*, 1926

Ikonographie ist klar, doch wird diese in eine Art sarkastische Traumsequenz umgestaltet. Anders gesagt: Ernsts bildliche Blasphemie bezieht sich auf großformatige Altarbilder und auf die Darstellungstradition Madonna mit Kind. Und selbst für die drei Surrealisten, die ungerührt die Szene verfolgen, gibt es ein ikonographisches Vorbild. Bei vielen bildnerischen Darstellungen der Kreuzigung Christi (etwa *Kreuzigung* von Giovanni di Paolo) gibt es zwei Gruppen von Menschen: die einen, die zum Kreuz hochschauen und den leidenden Christus beweinen, und die anderen, die einfach teilnahmslos wegschauen. Ähnliches gilt für *Der Hausengel* (1937): Im antiken Rom waren die «Laren» die persönlichen Schutzgötter einer Familie und des Hausstandes. Doch ganz anders bei Ernst: Der im Bild gezeigte Hausengel hat nicht nur nichts Engelhaftes an sich, sondern er ist ein riesenhaftes Monster, das alles zerstört, was sich ihm auf seinem Weg entgegenstellt – eine Metapher für den nahenden Weltkrieg. In beiden Bildern arbeitet der Maler mit einer Radikalmetapher: Er ruft Elemente aus der Tradition auf (Madonna, Engel), um dann die vorgegebene Ikonographie mit einem ihr fremden Bildbereich zu kontrastieren und somit die gesamte metaphorische Ebene zu modifizieren.

Max Ernst ging es allerdings auch um ein «jenseits der Malerei», sprich um «alle möglichen Materialien, die ich in meinem Blickfeld haben könnte». Diese Idee eröffnet eine vielschichtige Auseinandersetzung mit der Kunst. Da sind einmal Ernsts Collagen zu nennen, die schon im Zusammenhang mit der Dada-Zeit Erwähnung fanden. Die zwei großen Collage-Arbeiten entstanden aber zur Zeit des Surrealismus: *La femme 100 têtes (Die hundertköpfige Frau)* von 1929 und *Une semaine de bonté (Eine Woche der Güte)* von 1934 (Abb. 11). Die zweitere ist sicherlich die elaboriertere. Ausgangspunkt der Arbeit sind populäre Romane aus dem späten 19. Jahrhundert. Sie waren mit Illustrationen versehen (Holzschnitte), aber auch eine Buchausgabe von Miltons *Paradise Lost* mit den Illustrationen von Gustave Doré wurde verwendet. Ernst greift also zurück auf die Tradition der Holzstiche. Für die meisten seiner Collagen im Buch verwendete er drei oder mehr Elemente aus den vorgegebenen Illustrationen

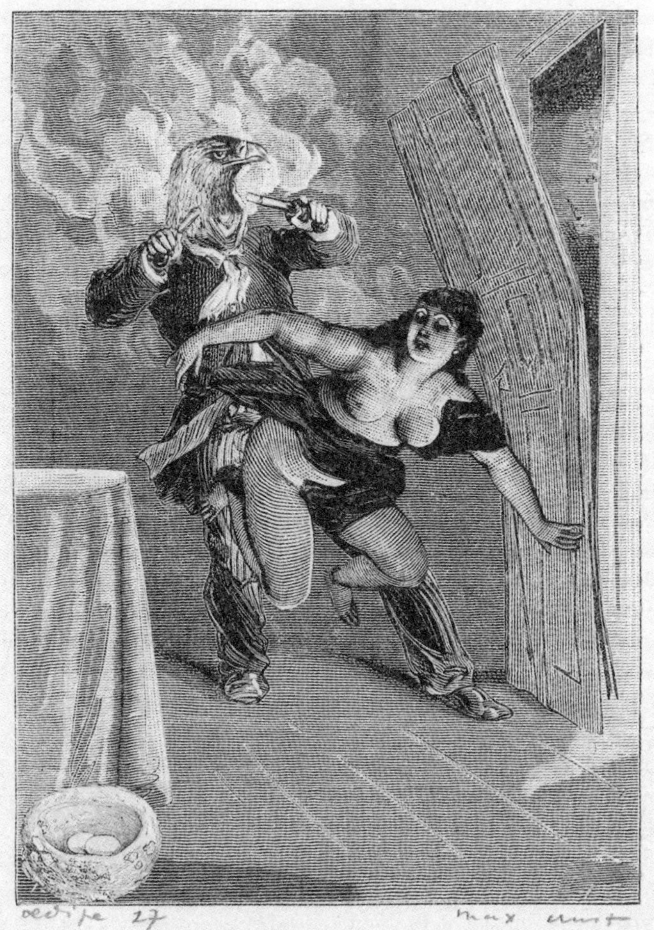

11 Max Ernst, *Une semaine de bonté*, 1934

und fügte sie so zu einem neuen, eigenen Bild. Außer minimalen Korrekturen nahm Ernst keinerlei Veränderungen vor. Damit bestimmt die Anordnung des vorgefundenen Materials das Bild. In gewisser Weise sind die Illustrationen eine «trouvaille», Bretons «Fundsache». Bretons Prinzip des «hasard objectif», des «objektiven Zufalls», wird ebenfalls berührt. *Une semaine de bonté* besteht aus vier Heften, gegliedert in eine Woche, die allerdings bei Ernst mit dem Sonntag einsetzt. Die insgesamt 184 Collagen sind nach Mottos eingeteilt, etwa «das Wasser», «das Feuer», «das Blut», die wiederum auf verschiedene wiederkehrende Bildelemente verweisen, etwa «der Löwe von Belfort» oder der «Hof des Drachens». In der Rezeption des Buchs *Une semaine de bonté*, das man auch als Collagen-Roman bezeichnet hat, wird stets auf das Gewalttätige, Kriminelle, das Gespensterhafte und das Todesmotiv verwiesen. Das ist sicherlich richtig, aber dabei wird eines übersehen. Die Löwenfiguren in den Collagen haben zwar einen Löwenkopf, doch der Rest ihres Körpers ist der eines Menschen. Einige Menschen mit Drachenflügeln und eine große Menge an Vogelmenschen bevölkern das Buch. Das heißt, dass Ernst in diesen Collagen das Prinzip der Metamorphose hinsichtlich des Tierischen und des Menschlichen konsequent anwendet. Die Tierdarstellung verweist aber auch auf eine klassische Symbolik. Im Hintergrund der ersten Collage im Buch wird eine Abbildung Napoleons sichtbar. Oftmals tragen die Löwen Orden an ihrer Kleidung. Und in einer Collage hält der Löwe als Staatsmann den guillotinierten Kopf eines Bürgers in Händen. Der Löwe ist bekanntermaßen das Symbol der Mächtigen, die – so sieht es nicht nur Ernst – ihre Macht oftmals missbrauchen. Eine rein negative Konnotation bei den Vogelmenschen ist nicht durchgehend zu erkennen. Das ist kaum verwunderlich, denn in der jahrhundertealten Ikonographie der Kunst sind die Karten gemischt verteilt: Die Friedenstaube steht gegen den Raben als Unglücks- oder Totenvogel, die Eule als Ausdruck stiller Weisheit hat die lyrisch singende Nachtigall zum Pendant. Max Ernst selbst umgab sich mit der mythischen Figur «Loplop», einem Wesen halb Mensch, halb Vogel. Zudem gehen bei ihm einige Vogelmenschen mit Menschenfrauen eine sexuelle Beziehung ein. Das erinnert mythologisch an Zeus, der sich in der Gestalt eines Schwans der Königstochter Leda lüstern näherte. Leonardos Bildnis *Leda mit dem Schwan* ist wohl das berühmteste kunstgeschichtliche Beispiel. Somit entsprechen Ernsts Collagen einem Charakteristikum surrealistischer Kunst: dem Aufrufen von Tradition. Und natürlich erzählen alle Collagen in *Une semaine de bonté* eine Kurzgeschichte und ergeben so die für die Bildwelt des Surrealismus prägende narrative Landschaft.

Mit dem Vorsatz, «jenseits der Malerei» bildende Kunst zu machen, stieß Ernst in neuartige Bereiche vor. Ein wichtiges Verfahren ist die «Frottage», mit der er 1925 zu arbeiten begann. Der Begriff kommt vom französischen Verb «frotter», was «(ab-)reiben» meint. Ernst machte etwas, das so manches Kind mit Münzen tut. Er legte auf grobflächige Strukturen wie Holzbretter, Strohgeflechte, Blätter, Rinde etc. Papier und rieb mit einem Graphitstift die Strukturen durch. Man hat Ernsts Frottagen oft in die Nähe des Automatischen Schreibens gestellt, aber das ergibt nur zum Teil Sinn. Das direkte Abreiben der vorgegebenen Strukturen mag einem gewissen Automatismus folgen, doch die Ausgestaltung des Bildes selbst erfolgt durch die Hand des Künstlers. Besser wäre es, bei diesem doch kreativen Akt von einem «Ich-Blitz» («un éclair moi-même») zu sprechen, wie es Louis Aragon für den Schreibakt formulierte. Das heißt, die Strukturen der vorgegebenen Objekte evozieren beim Künstler-Subjekt das, was es dann im Gesamtbild gestaltet. Der «objektive Zufall» führt hier Regie, nicht Bretons «objet trouvé», die «Fundsache» kommt zum Tragen, sondern eine (vor-)gefundene Struktur. 1926 gab Ernst 34 Frottagen als Mappenwerk mit Fotoreproduktionen unter dem Titel *Naturgeschichte* heraus. Viele der hier gezeigten Frottagen sind Nachformungen von Naturstrukturen, doch einige von ihnen ergeben eine surrealistische narrative Landschaft. In *Das Lichtrad* entbirgt die Natur ein menschliches Auge, in *Der Ausbrecher* ist ein schuppenartiges Wesen mit monströsem Auge zu sehen und in *Die vermählten Diamanten* begegnet man Ernsts Lieblingstieren wieder: zwei Vögeln. In seiner Einführung zur *Naturgeschichte* vermerkte Hans Arp: «Was die Zweige, Stämme und Wurzeln betrifft, erkläre ich, dass es sich um Phantasmagorien, also um glatte Lügen handelt. Die Zweige, Stümpfe und Wurzeln existieren nicht.» Es ist kein Wunder, dass Arp hier die Einführung verfasst hat. Auch er beschäftigte sich zeitlebens mit vorgegebenen Gegenständen und Strukturen aus der Natur. Und ebendiese Natur wird durch den Akt surrealistischer Kunst als das erkannt, was sie ist: ein Phantasma, ein assoziatives Traumbild, eine sich stets wandelnde Schöpfung.

Das Verfahren der «Grattage» («Abkratzen») ist die Übertragung der Frottage auf die Ölmalerei. Ernst legte unter den farbigen Malgrund Gegenstände, Hölzer, Muscheln, Objekte, deren Oberflächenstruktur er durchrieb. Mit einem Schaber wurde die Farbe wieder abgekratzt, so dass die Muster der unterlegten Objekte sichtbar wurden. So entstehen traumartige Formationen, die zu assoziativen Ausdeutungen einladen. Das sind etwa Strukturen von Städten, die an Inka- oder Mayakulturen denken lassen, wie *Die versteinerte Stadt* (1935) oder *Die ganze Stadt* (1935/36). Andererseits können dichte Naturlandschaften entstehen, wie *Der Wald* oder *Käfig, Wald und schwarze Sonne* – beide Gemälde datieren von 1927. Wer die Natur- und Waldgrattagen vor Augen hat, dem werden die dichten, oft ins Naturmystische zielenden Gemälde von Caspar David Friedrich in den Sinn kommen. Ernst wollte bewusst die bildende Kunst der Romantik nicht ausklammern, doch etwas hat sich verändert: Während bei Friedrich die Natur noch mächtig und auch zum Teil bedrohlich wirkt, erscheint sie bei Ernst als etwas, das wild wuchert und ins Dunkel zurückkehrt. Das Wunderbare der Natur hat es nicht leicht in Zeiten, die auf eine neue Weltkatastrophe hindeuten – doch es ist dennoch da in Ernsts Bildern. Und diese – in ihrer Gesamtheit – folgen zweifellos der Vorstellung von Schönheit, wie sie Breton in Worte fasste: «Die konvulsivische Schönheit wird erotisch-verschleiert, hervorbrechend-fest, magisch-angemessen sein oder sie wird nicht sein.»

Der spanisch-katalonische Künstler Salvador Dalí gab in einem Selbstporträt eine kurze «Definition» des Surrealismus:

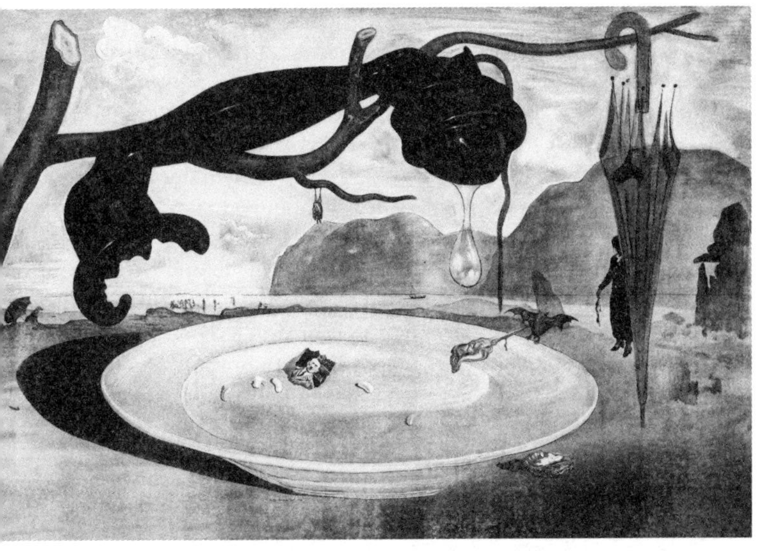

12 Salvador Dalí, *Das Rätsel Hitlers*, 1937

«Le surréalisme, c'est moi». Und als sein «frechstes Bild» nannte er: *Wrack eines Automobils, welches ein blindes Pferd gebiert, das ein Telefon zerkaut.* In der Tat hat man beim Betrachten dieses Ölgemäldes den Eindruck, Dalí hätte die berüchtigte Metaphernreihung von Lautréamont – «Schön wie die unvermutete Begegnung einer Nähmaschine und eines Regenschirms auf einem Seziertisch» – in bildende Kunst umgegossen. Doch das stimmt nur zum Teil. Auf Dalís Bild erkennt man ein Rad, einen demontierten Heizkörper, im Hintergrund eine Landschaft mit Ruine. Im angedeuteten Raum leuchtet eine Glühbirne und am Nachthimmel ist die Mondsichel sichtbar. Das Pferd, das schon bessere Tage gesehen hat, zerbeißt tollwütig einen Telefonhörer. Wichtig ist das Entstehungsdatum des Werks: 1938. Das Motiv des Telefons taucht in Dalís Bildern zwischen 1937 und 1939 öfters auf. Im Gemälde *Das Rätsel Hitlers* (1937, Abb. 12) hängt ein abgerissener Telefonhörer auf einem kahlen Ast; am Rand eines Tellers liegt eine Fotografie Hitlers. Das Telefon symbolisierte für den Maler die Friedensbemühungen der Westmächte. Doch diese blieben ergebnislos. In *Wrack eines Automobils, welches ein blindes Pferd gebiert, das ein Telefon zerkaut* wird der Wahnsinn der Zeit dargestellt. Wie schon im Gemälde *Der Todesreiter* (1935) gehört das Pferd zum Motiv des Todes. Dalí scheint hier Anleihen bei einem der berühmtesten Kupferstiche Albrecht Dürers genommen zu haben: *Ritter, Tod und Teufel.*

Dalí trat im Kreis der Surrealisten gern als Agent Provocateur und als Hofnarr auf. Seine Exzentrik hat ihm den Vorwurf eingetragen, dass er dem politischen Weltgeschehen eher teilnahmslos, ja naiv gegenüberstehe. Das stimmt nicht, wenn man die genannten Bilder miteinbezieht und ebenso diejenigen zum Spanischen Bürgerkrieg. Allerdings errang Dalí seine Selbstsicherheit – und damit seinen Hang zur Selbstinszenierung – erst im Laufe der Jahre. 1929 kam der Maler nach Paris und lernte die surrealistischen Künstler über zwei seiner Landsleute kennen: den Filmemacher Luis Buñuel und den Maler Joan Miró. Dalí, der aus bürgerlichen Verhältnissen stammte und um einige Jahre jünger war als die meisten Surrealisten, galt als Wunderkind. Man erstaunt, wenn man die Bilder betrachtet, die er im Alter von zehn bis achtzehn Jahren gemalt hat. Doch bald kam es zur Krise. Dalí beherrschte zweifellos viele Stile, er malte wie der Pointilist Georges Seurat, er schuf ein *Kubistisches Selbstbildnis* (1923) und viele andere (neo-)kubistische Bilder. Er kannte sich in der Kunstgeschichte bestens aus. Jedoch fand er zu keinem eigenen Stil. Das änderte sich ein wenig im Jahr 1928, wie das Tafelbild *Der Eselskadaver* zeigt. Doch der Durchbruch kam im Jahr darauf. René und Georgette Magritte, Gala und Paul Éluard besuchten Dalí an der Costa Brava. Das Eheleben der Éluards galt bereits als einigermaßen zerrüttet. Jedenfalls kamen sich Gala und Dalí nahe – so nahe, dass Gala beim spanischen Maler blieb, ein Leben lang (Abb. 21). Die gebürtige Russin Jelena Dmitrijewna Djakonowa wurde nicht bloß zur Muse Dalís, sie war sein Seelenmensch, seine Geliebte, und sie war eine ausgezeichnete Geschäftsfrau. Gala und Dalí gehören sicherlich zu den berühmtesten Paaren der Kunst-

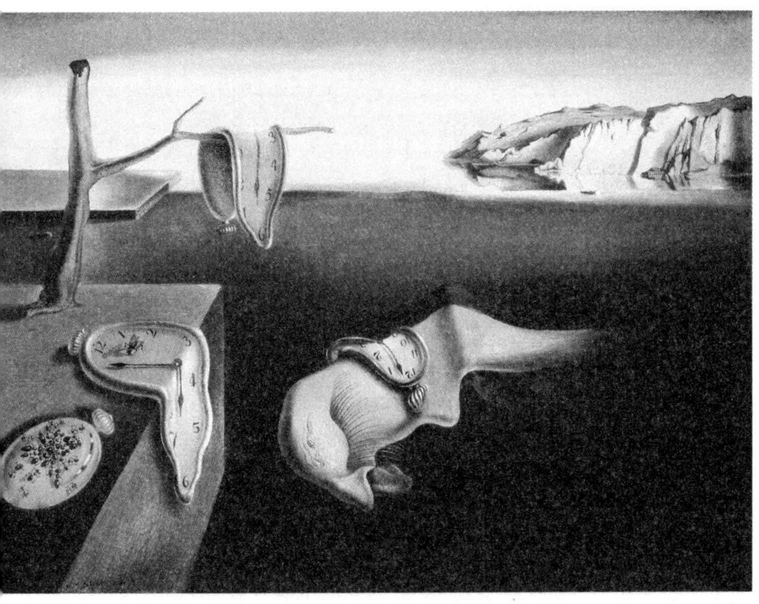

13 Salvador Dalí, *Die Beständigkeit der Erinnerung* (oder *Die weichen Uhren*), 1931

geschichte. Durch die Begegnung mit Gala explodierte Dalís Schaffensdrang förmlich. In seinen surrealistischen Jahren – etwa von 1929 bis 1940 – schuf der Maler rund 700 meist kleinformatige Ölgemälde. Das ergibt beinahe die Hälfte des Gesamtwerks. Um Dalís Schaffenskraft ungebremst wirken zu lassen, wurde der Freundeskreis «Der Tierkreis» gegründet. Reiche bürgerliche Sammler, Adelige wie der Vicomte Charles de Noailles und seine Frau Marie-Laure, aber auch der Schriftsteller Julien Green gehörten zur illustren Truppe. Sie alle verpflichteten sich, jeden Monat ein durch Los bestimmtes Gemälde von Dalí zu kaufen.

Eines der bekanntesten Motive in Dalís Bildern sind Uhren, die schlaffen Pfannkuchen gleichen – etwa in den beiden Ölgemälden aus den Jahren 1931 und 1933, die mit *Die Beständigkeit der Erinnerung* bzw. mit *Die weichen Uhren* (Abb. 13) oder auch mit *Die zerrinnende Zeit* betitelt sind. Die präsentierten Taschenuhren und Wecker verlieren im Raum ihre Form – die Zeit fließt eben, zerfließt, und man ist machtlos, dies zu ändern. Oder: Die abgebildeten Ameisen zerfressen die Uhr, also die Zeit. Das ist der «Schlüssel», der ebenfalls abgebildet ist, um die Vergänglichkeit des Lebens zu begreifen. Allerdings befinden sich Dalís weiche Uhren in einer seltsamen Landschaft: Steppe und Wüste. Es ist erstaunlich, wie viele Bilder von 1929 bis in die Nachkriegszeit Wüstenlandschaften als Hintergrundmotiv haben – etwa beim bereits behandelten Ölgemälde *Sonnentisch*. Im antiken Ägypten war die Wüste ein Ort der Fremde und der Andersartigkeit. Auch das Totenreich ähnelt ihr. Seth ist der ambivalente Wüstengott: Er bringt Sandstürme, verursacht also chaotische Zustände, allerdings ist er auch Schutzgott der Oasen und spendet Segen. In der Wüste prallen Gegensätze aufeinander: Unfruchtbarkeit und lebensspendende Gebiete wie die Oasen. Damit wird die Wüste zum widersprüchlichen Symbol des Lebens und des Todes. In der Bibel gibt es eine Vielzahl von Wüstenmotiven: Diese kann ein Ort von Dämonen sein, zugleich auch einer, an den sich Menschen zurückziehen, um eine besondere Nähe zu Gott zu erlangen, wie etwa Johannes der Täufer. Jesus selbst wird in der Wüste von Satan umworben. Der heilige Antonius zog als Eremit in die Wüste und wurde in seinem asketischen Leben vielfach von Visionen heimgesucht. 1874 veröffentlichte der französische Schriftsteller Gustave Flaubert sein Werk *Die Versuchung des heiligen Antonius*. Sein Heiliger ist ebenfalls Schreckens- und Lustvisionen ausgeliefert, er ist zuzeiten dem Wahnsinn nahe. Flaubert selbst beschrieb den Schreibakt als einen ekstatischen. 1946 malte Dalí *Die Versuchung des heiligen Antonius* nach dem Vorbild Flauberts – ekstatische Zustände waren auch für ihn Grundmuster künstlerischen Schaffens. Das Hintergrundmotiv des Bildes ist natürlich eine Wüstenlandschaft. Wenn also Dalí so oft auf das Bild der Wüste zurückgreift, dann zielt die inhaltliche Ambivalenz des Motivs zwar auch auf die Radikalmetapher, wie sie Breton kennzeichnete, geht aber gleichzeitig darüber hinaus.

Im Juni 1933 präsentierte Dalí in der ersten Nummer der Zeitschrift *Minotaure* seine «paranoisch-kritische» Interpretationsmethode anhand des Angelusmotivs von Jean-François Millet. Doch um den französischen Maler ging es weniger. Dalí wagte einen Angriff auf das Automatische Schreiben. Er warf dieser Methode eine gewisse Stereotypie und Artistik vor und propagierte seinerseits eine «konkrete Irrationalität». Während sich der Akt des Automatischen Schreibens dem Unbewussten und Traumhaften annähern würde, wobei die Traumerzählung Bilder erzeuge, die «man *nur* erzählen kann», wäre eine Kunst, die sich der Paranoia zuneigt, per se systematisiert – nämlich als mentale Krankheit, als Wahngebilde. Der von Paranoia Ergriffene ordne die Wirklichkeit so, dass diese «zur Kontrolle eines Phantasiegebäudes benutzt werden kann». Der «paranoische Mechanismus» folge so einem «Prinzip der Verifikation», also einem Ordnungssystem. Dalí macht hier einen genialen Schachzug: Der Surrealismus verstand sich immer in Opposition zur bürgerlichen Vernunft, also weitgehend auch zu den Kategorien des Verstandes. Die Hinwendung zum Traumhaften und Unbewussten hat zwar durch die Nähe zu Freud eine analytische Seite, darf aber die Verbindung zum Ir-Rationalen nicht kappen. Das Wunderbare besteht für Breton in einer Verbindung zum Realen – «in einer Art absoluter Realität, wenn man so sagen kann: Surrealität». Dalís paranoisch-kritische Methode zielt hingegen auf das Wunderbare in der Systematisierung des Ir-Realen. Auf seinen Beitrag in *Minotaure* folgte ein kürzerer Aufsatz des Psychoanalytikers Jacques Lacan. Darin bekräftigt dieser das kreative Potential mental Kranker. Ganz neu ist diese Ansicht allerdings nicht. Die sogenannte Prinzhorn-Sammlung des Arztes und Kunsthistorikers Hans Prinzhorn ist eine umfangreiche Dokumentation solcher Kunst. 1922 veröffentlichte er sein Buch *Bildnerei der Geisteskranken*. Lacan stand der Surrealisten-Gruppe nahe, da er sich in seiner Annahme hinsichtlich der kreativen Kraft von Geisteskranken bestätigt fühlte. Er diskutierte mit Dalí dessen paranoisch-kritische Methode. Wahrscheinlich kannte er auch Dalís kurzen Aufsatz *Der Eselskadaver* (zum gleichnamigen Tafelbild von 1928) in der ersten Nummer von *Le surréalisme au service de la révolution* (1930).

Durch das «paranoische Verfahren» erhalte man ein «doppeltes Bild: das heißt, die Darstellung eines Objekts, das ohne die mindeste figurative oder anatomische Veränderung gleichzeitig die Darstellung eines absolut verschiedenen Objektes sei». Dalí nennt konkret das Bild eines Pferdes, welches zugleich das einer Frau abgebe – und dann auch noch das eines Löwen. Der Maler hat dieses dreiteilige Wandlungsmotiv 1930 mehrfach in Bildern gestaltet. Der Hintergrund ist jeweils eine Wüstenlandschaft.

In seinem Aufsatz *Das Drängen des Buchstabens im Unbewussten oder die Vernunft seit Freud* kritisiert Lacan die Methode der surrealistischen Radikalmetapher. Sich auf Freuds *Traumdeutung* berufend versucht er zu zeigen, dass es sich bei den surrealistischen (Ab-)Bildern des Traums und des Unterbewussten weniger um Metaphern denn um Metonymien handle. Nicht die «condensation» («Verdichtung») stehe im Vordergrund, sondern «déplacement», also «Umstellung», «Verschiebung». Lacans Ausführungen mag man zu Recht hinterfragen, doch auf Dalí bezogen sind sie erhellend. Seine zahlreichen Wüstenmotive sind keine «Verdichtung» der gesamten und äußerst umfangreichen Symbolik, sondern beständige «Verschiebung». Wenn es sich hier also um eine bildliche Metonymie handelt, dann gilt auch das Prinzip «Pars pro toto», ein Teil steht für das Ganze. Die Wüste zeigt sich in ihrer Gegensätzlichkeit, so wie sie bereits festgehalten wurde: die Symbolik des Lebens und des Todes. Eine solche weitreichende Bildkraft könnte eine einzelne Radikalmetapher gar nicht tragen. Daher geht es hier bei Dalí um «Verschiebung» und «Umstellung». Man könnte sagen: Die narrativen Landschaften in seinen Bildern verschieben sich, flimmern, so wie eine Fata Morgana. Denn eine halluzinierte Oase ist «konkrete Irrationalität» und folgt – im Sinne eines künstlerisch motivierten Krankheitsbildes – einem «Prinzip der Verifikation». Der Wahn-Sinn ist Teil der surrealistischen Kunstkonzeption. Besonders deutlich wurde dies in Bretons und Éluards Gemeinschaftsarbeit *Die unbefleckte Empfängnis*. Darin ging es um die Simulation von Geisteskrankheit in Form von Literarisierung. Man könnte daher von einer literarischen Nachbildung von Wahn-Sinn sprechen. Bei Dalí sind es künstlerisch ausgestaltete, jedoch konkrete Abbilder. Der Maler schreibt sich auf besondere Weise in diese ein. Ein Sprichwort paraphrasierend könnte man sagen: Bei Dalí hat der Wahn-Sinn Methode. Dabei hat für ihn Bretons «Prinzip der Ideenassoziation» durchaus Relevanz. Denn seine «konkrete Irrationalität» erfasst die Bild-Objekte, die einen umgeben, assoziativ. Der Wahn-Sinn, der Sinn des Wahns, ist ordnend-assoziativ. Dalí schreibt in *Die Eroberung des Irrationalen* (1935): «Die paranoisch-kritische Aktivität ist eine ordnende, schöpferische Kraft des objektiven Zufalls.» Und wieder orientiert sich Dalí an Breton und dessen «Kategorie des objektiven Zufalls». Der «objektive Zufall» bestimmt die Objekte, die dem Subjekt zufallen und die es dann begehrt. Der rein subjektive Wille wird durch das Begehren ersetzt, und sei es ein wahnhaftes. Dass allerdings die auf Krieg zusteuernde Weltgeschichte in den ganz anderen Wahn-Sinn führt, zeigte der Maler eindrücklich in seinem Ölgemälde *Das Gesicht des Krieges* von 1940 (Abb. 14): Das Antlitz des Menschen erscheint angstverzerrt, Giftschlangen umkreisen es, zum tödlichen Biss bereit. In den beiden Augenhöhlen und im Mund sind Totenschädel zu sehen – und in diesen noch mehr Totenschädel. Der Hintergrund des Bildes ist reine Wüstenlandschaft.

Man hat Dalís Bildkunst oft mit dem Verfahren des «Trompe-l'œil» – also der optischen Täuschung – in Verbindung gebracht. Er selbst lehnte das Trompe-l'œil als lähmenden Akademismus entschieden ab. Der belgische Surrealist René Magritte bediente sich dieses Verfahrens hingegen auf strategische Weise: «Weil das Trompe-l'œil es erlaubt, einem gemalten Bild den Ausdruck von Tiefe zu geben, die der sichtbaren Welt eignet, und weil meine Malerei der Welt ähneln muss, um ihr Mysterium evozieren zu können.» Das Mysterium, die Offenbarung, das Wunderbare und das Abseitige – in diesem Sinn waren Dalí und Magritte nicht so weit voneinander entfernt und folgten auf je eigene Weise einer Maxime aus Bretons Manifest von 1924: «Das Bewunderungswürdige im Phantastischen ist, dass nichts mehr Phantastisches da ist: Es gibt nur das Wirkliche.» So wie die weichen Uhren bei Dalí gehören bei Magritte Männer mit

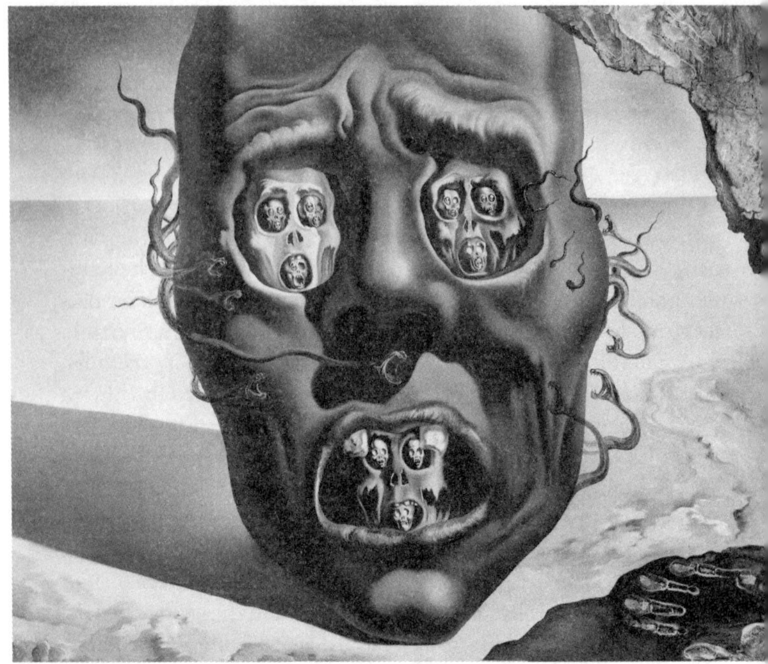

14 Salvador Dalí, *Das Gesicht des Krieges*, 1940

dunklem Mantel und Melone zu den bekanntesten Motiven. Magritte gehörte einem aktiven dada-surrealistischen Kreis in Brüssel an und kam erst später in direkten Kontakt mit den Pariser Surrealisten. Im Herbst 1928 kaufte Breton vier Bilder des belgischen Malers. Und in der Nummer 12 der *Révolution surréaliste* (1929) war er mit Text- und Bildbeigaben vertreten. Doch Magritte war nicht Teil des *inner circle* der Surrealisten. Das hat vielerlei Gründe. Einerseits legte er eine gewisse Bürgerlichkeit an den Tag, was aber nicht sein politisches Denken betraf: «Der kommunistische Standpunkt ist der meine. Meine Kunst gilt nur insofern etwas, als sie sich der bürgerlichen Ideologie widersetzt, in deren Namen man das Leben auslöscht.» Während viele Surrealisten der freien Liebe frönten und – wie

Breton oder Ernst – mehrfach verheiratet waren, blieben René Magritte und seine Jugendliebe Georgette ein Leben lang zusammen. Zudem hatten (und haben) manche Franzosen Ressentiments gegenüber den Belgiern – Magritte sprach Französisch mit einem wallonischen Akzent. Zum eigentlichen Eklat kam es im Dezember 1929 bei einer Party in Bretons Wohnung. Éluard bemerkte, dass Georgette Magritte eine Kette mit einem goldenen Kreuz trug. Für die antiklerikalen Surrealisten war das ein Affront. Man bat sie, diese abzunehmen, Georgette weigerte sich, da dieser Schmuck ein Erbstück ihrer Großmutter sei und sie es stets trage. Das Ehepaar Magritte verließ daraufhin die Wohnung Bretons. Der Skandal war perfekt. Doch ganz so drastisch scheint das Ereignis à la longue doch nicht gewesen zu sein. 1932 schickten Breton und Éluard ihre jüngsten Publikationen mit einer klaren Freundschaftsbekundung an den Maler. Zur Aussöhnung kam es dann im Frühjahr 1933: Magritte war mit einer Bildbeigabe in der letzten Nummer von *Le surréalisme au service de la révolution* vertreten, ebenso waren Werke von ihm in der großen Surrealisten-Ausstellung in der Galerie Pierre Colle zu sehen. Somit war Magritte (wieder) ein anerkanntes Mitglied der Gruppe. Doch das Pariser Tagesgeschehen betrachtete er lieber aus Brüssel – aus einer für ihn sicheren Distanz.

Frühe Bilder Magrittes erinnern durch die Raumaufteilung und die Farbgebung an den italienischen Futurismus. Später orientierte er sich an Giorgio de Chirico, dem Meister der «Pittura metafisica». Dessen geometrisch-surreale Bilder beeindruckten eigentlich alle Surrealisten. Doch um 1927 ändert sich das Dargestellte in Magrittes Bildern. *Der bedrohte Mörder* (Abb. 15) zeigt klar eine narrative Landschaft. Sie zu entziffern fällt jedoch schwer. In der Mitte des Bildes liegt eine nackte, tote Frau auf einer Chaiselongue, Blut rinnt aus ihrem Mund. Ein Mann, vermutlich der Mörder, steht daneben, hört gelassen Musik aus einem Grammophon. Im Vordergrund – durch eine halboffene Wand vom Mörder getrennt und für ihn nicht sichtbar – stehen zwei Männer in einem für Magritte typischen Aufzug: Melone und schwarzer Mantel. Man könnte die beiden für Detektive halten, doch ihre Waffen sind absurd: Keule und Fangnetz. Im

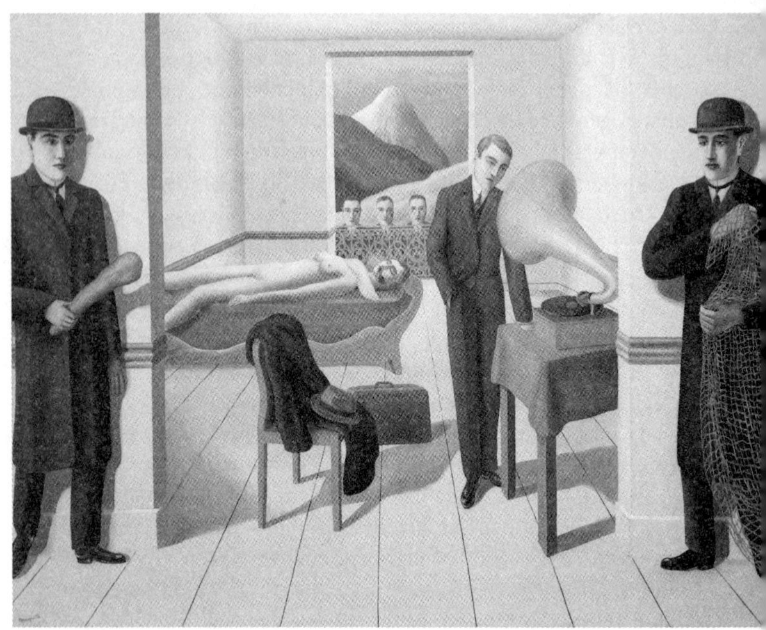

15 René Magritte, *Der bedrohte Mörder*, 1927

Hintergrund sieht man eine Berglandschaft, und durch das Fenster blicken drei Männergesichter in den äußerst hell ausgestalteten Raum. Wer genau hinsieht, wird erkennen, dass die drei Gesichter beinahe identisch sind, ja mehr noch, sie gleichen dem Antlitz des Mörders. Auch die beiden Männer mit Melone und Mantel ähneln einander stark. Das Doppelgängermotiv findet man bei Magritte öfters, ebenso kriminelle Szenen – der Künstler schätzte Kriminalromane. Die rätselhafte Bildmetaphorik lässt sich sicherlich nicht komplett entschlüsseln, doch das Grundmotiv ist ein sehr reales: Den geheimen, verborgenen Mord, bei dem alle Spuren verwischt werden, gibt es nicht. Und: Die Männer sind Täter, Voyeure oder Rächer. Die Frau ist (stets) das Opfer. Eine Papiercollage Magrittes trägt den Titel *Der Geschmack des Unsichtbaren*. Bei Krimis kommt man deswegen auf den Geschmack, weil das Unsichtbare des Verbrechens sichtbar gemacht wird. In *Der bedrohte Mörder* weist das beinahe realistische Szenenbild auf die unsichtbare Idee dahinter, macht diese bildhaft augenscheinlich.

Doch Magritte ging um einige Schritte weiter. Auf dem Ölgemälde *Reproduktion verboten* (1937) blickt ein Mann frontal in den Spiegel, doch er sieht – wie die Betrachter des Bildes – seinen Hinterkopf. Allerdings ist das Buch, das auf dem Sims vor dem Spiegel liegt, optisch richtig gespiegelt. Man erkennt den Titel. Es ist Edgar Allan Poes Roman *Die Erzählung des Arthur Gordon Pym aus Nantucket*. Magritte war von den phantastischen Einfällen des amerikanischen Schriftstellers fasziniert. Und im Roman geht es tatsächlich um die Frage von Wahrscheinlichkeit und Unwahrscheinlichkeit des Erzählten. Im Bild des Malers wird nicht bloß das Unwahrscheinliche wahrscheinlich, sondern das Unmögliche wird möglich – eben dass man beim Blick von vorn in den Spiegel nicht sein eigenes Antlitz erblickt, sondern seinen Hinterkopf. In *La durée poignardée* (*Die erstochene Zeit*, 1938) erscheint der konkrete Sachverhalt noch bizarrer: Man sieht, äußerst realistisch gemalt, einen Innenraum mit Kamin, oberhalb befindet sich ein Spiegel, auf dem Kaminsims stehen rechts und links zwei Kerzenleuchter, in der Mitte ist eine Kaminuhr platziert. Etwas überdimensional wirkt der Kamin selbst. Man könnte nun erwarten, dass aus diesem Rauch aufsteigt oder in ihm Holzscheite glimmen. Aber nein! Eine schmauchende Dampflokomotive dringt in den Raum. Das ist absurd – nur nicht ganz. Denn Bretons postuliertes «Prinzip der Ideenassoziation» lässt über das Motiv des Rauchs eine Gedankenverbindung von Kamin und Lokomotive zu. Solch Bildern Magrittes ist etwas Bedrohliches eigen: Das Unmögliche nimmt im Möglichen Gestalt an.

Magritte radikalisierte jedoch nochmals die Perspektive. Auf dem Ölgemälde *Versuch des Unmöglichen* (1928. Abb. 16) sieht man den Maler (Magritte wählte gerne sich selbst als Vorlage) mit Pinsel und Palette, vor ihm steht sein weibliches Modell (möglicherweise seine Frau Georgette). Realistisch gesehen handelt es sich um die Entstehung eines Aktbildes, wie man es aus

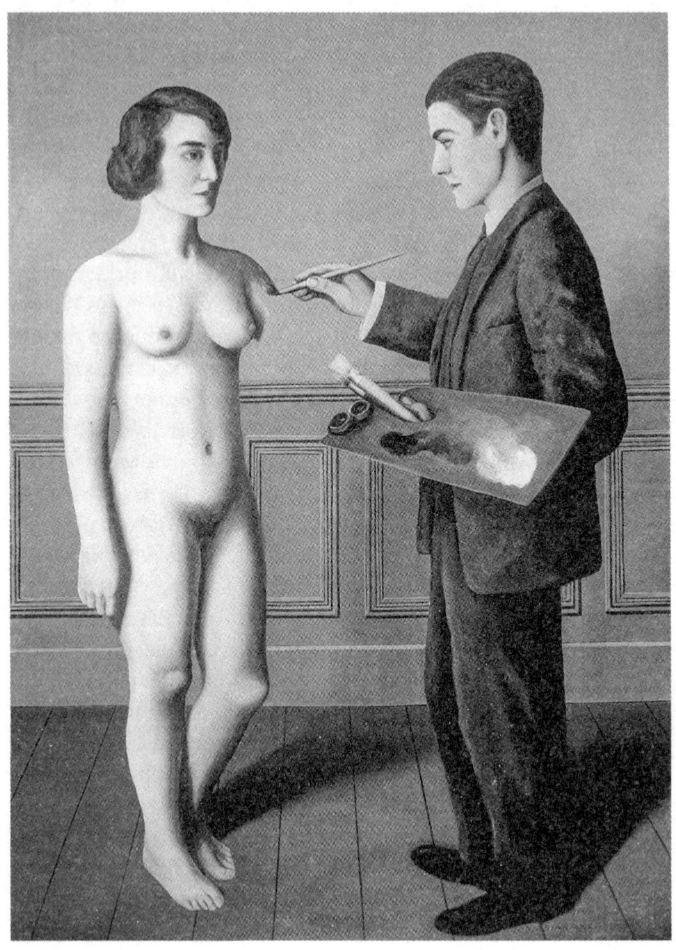

16 René Magritte, *Versuch des Unmöglichen*, 1928

der europäischen Maltradition kennt. Doch das Verstörende am Gemälde ist, dass der Maler nicht auf einer Leinwand abbildet, sondern das Bild – das Abbild der Frau – im Raum entstehen lässt. Er ist gerade dabei, den linken Arm des Modells zu malen. Es wirkt, als hätte die Frau im wirklichen Raum noch keinen Arm. Ist das Aktmodell erst wahrhaftig da, wenn der Maler es fertiggestellt haben wird – ein Pygmalionmotiv? Oder ist die nackte Frau bloß Illusion ihres Schöpfers? Magrittes *Versuch des Unmöglichen* besteht darin, das Unmögliche bildlich möglich zu machen: Das zu malende weibliche Wesen entsteht und ersteht erst im Akt des Malens! *Die gigantischen Tage* (1928) zeigt eine nackte Frau und einen Mann in Kampfstellung. Die Vorstellung einer Vergewaltigung wird beim Zuschauer evoziert. Das in dunklen Farben gehaltene Ölgemälde ist eine Momentaufnahme einer gewaltsamen Bewegung aus Begierde und Abscheu. Doch während fast der ganze Körper der Frau sichtbar ist, sind nur die Rückenpartie und der Hinterkopf des Mannes als Teilsilhouette erkennbar. Entweder löst sich die Figur des Mannes in der Kampfbewegung auf, oder aber – was weitaus grässlicher wäre – er tritt förmlich aus dem Nichts auf, um die Frau zu überraschen und sexuell zu nötigen. In diesem Ölgemälde erlangt das Verfahren des «Trompe-l'œil» – also die optische Täuschung – eine surrealistische Dimension: Was ist hier wirklich, was ist wahr?

Magritte folgt in vielen seiner Bilder dem Spiel von Entbergen und Verbergen des Wirklichen und Wahren. Der Philosoph Martin Heidegger – dessen Werk Magritte in späteren Jahren las – hat, sich auf die Vorsokratiker beziehend, dieses Spiel modifiziert. Im Begriff der «aletheia» – eigentlich der Name für die griechische Göttin der Wahrheit – zeigt sich eine eigentümliche Bewegung des Wahren: Wahres und Scheinhaftes gehen ineinander über, Entbergung von Wahrheit hat mit Verborgenem zu tun. Denn dort, wo die «aletheia» etwas Wahres entbirgt, verbirgt sie im Entbergen etwas anderes, das schon als Entborgenes da war. Wenn André Breton «Surrealität» als eine «absolute Realität» von Traum und Wirklichkeit beschreibt, dann besteht Magrittes «Surrealität» in einem Spiel von Entbergen und Verbergen, von Möglichem und Unmöglichem, von Wirklichem und Unwirklichem, von Wahrem und Scheinbarem. Und genau dieses stete Oszillieren ergibt, wie der Maler meint, das «Mysterium» der Welt. Ähnlich wie bei vielen Bildern Dalís kommt es in Magrittes Metaphorik zu keiner «condensation» («Verdichtung»), sondern zu «déplacement», zu einer «Verschiebung» von Bildelementen bezüglich ihrer Möglichkeits- und Unmöglichkeitsformen. Das Mysterium daran ist eine magische Beziehung zwischen Gegenstand und Abbildung: «Was immer seine handgreifliche Eigenschaft sei, jedes Ding ist mysteriös: das, was sichtbar, und das, was verborgen ist, Wissen und Nichtwissen, Leben und Tod, Tag und Nacht.»

«Die Kunst des Malens ist eine Kunst des Denkens», so formulierte es der belgische Surrealist. 1936 malte er sich in *Die philosophische Lampe* selbst, allerdings mit perspektivisch etwas verzerrtem Gesicht. Seine gekrümmte, in die Länge gezogene Nase steckt in einer Pfeife, die er im Mund hält. Die Gesichtszüge wirken nachdenklich. Auf einem Tischchen schlängelt sich eine Kerze in die Höhe, ihr Docht erstrahlt beinahe mit einem Heiligenschein – das Licht der Erkenntnis. Während sich die meisten Surrealisten an der Psychoanalyse orientierten, bewegte sich Magritte eher auf philosophischem Terrain. Das zeigt sich im Besonderen in seinen Wortbildern. Diese malte er hauptsächlich in Paris zwischen 1927 und 1930; 36 dieser Werke sind erhalten geblieben. Man sieht auf ihnen entweder Menschen, die wie in Comics in Sprechblasen Einzelwörter von sich geben, oder ein Zentralwort wie «Berg» ist ihnen ins Gesicht geschrieben. Es können sich aber auch Einzelwörter oder kleinere Wortgruppen in halbabstrakten Formen oder um diese herum finden. Um dieses Prinzip besser zu verstehen, betrachten wir einmal das Ölgemälde *Die vertrauten Objekte* (1928). Auf diesem sind fünf Männer zu sehen, die jeweils in eine andere Richtung blicken. Direkt vor ihren Augen schwebt ein bestimmter Gegenstand: Muschel, Schwamm, Schleife, Krug und Zitrone. Das Trugbild entsteht nun dadurch, dass die Gegenstände, die sich die Männer im Kopf vorstellen, als bildnerisch-reale Objekte im Raum erscheinen. *Der Schlüssel der Träume* (1930) wirkt hingegen wie die Realisierung von Bretons Radikalmetapher: Sechs Gegenstände haben jeweils ein Wort als Unterschrift – doch beide passen nicht zusammen: Unter dem Damenschuh befindet sich das Wort «Der Mond», die Radikalmetapher lautet also: Mondschuh der Dame. Zum Hammer gesellt sich das Wort «die Wüste», das ergibt: der Wüstenhammer. Bei der gemalten Hut-Melone steht das Wort «der Schnee», das ergibt keine «Wassermelone», sondern eine «Schneemelone» oder einen «Schneehut», den es ja tatsächlich für die kalten Wintertage zu kaufen gibt. *Der Schlüssel der Träume* besteht also darin, dass man die beiden Elemente der Radikalmetapher sinnvoll zusammenfügt, allerdings in einem Sinn, der das einfach Reale und Logische übersteigt und ins Traumhaft-Surreale hinübergleitet. Bei den Worten und Wortfolgen in halbabstrakten Gebilden schwindet die Entsprechung zwischen Begriff und Gegenstand.

In der zwölften und letzten Nummer von *La Révolution Surréaliste* gab Magritte eine Art theoretische Beschreibung seiner Wortbilder. Im Beitrag *Die Wörter und die Bilder* geht es um deren Abbildfunktion. Magritte unterscheidet zwischen «Gegenstand», «Name» und «Bild». Die Beziehung zwischen «Gegenstand» einerseits und «Name» und «Bild» andererseits sei arbiträr, also willkürlich. Doch es gilt: «In einem Gemälde sind die Wörter von derselben Substanz wie die Bilder.» Das ist klar, denn beide sind im Wortbild auf die Leinwand gemalte Objekte. Aber eines ist auch einsichtig: «Man sieht Bilder und Wörter auf einem Gemälde anders.» Die gemalten Objekte haben eine andere Bildqualität als die gemalten Worte – obwohl sie dieselbe Substanz (Farbe auf Leinwand) haben. Und es lässt sich festhalten: «Ein Objekt fungiert niemals wie sein Name oder sein Bild.» Eine gewisse Verwirrung entsteht dadurch, dass Magritte «Name» gleichsetzt mit «Wort». In den Sprachbildern stellen die gemalten Wörter ja kein Objekt der Außenwelt dar, sondern sind sprachliche Zeichen, die sich normalerweise auf ein Objekt beziehen. Im Gemälde sind sie natürlich Objekte wie alle anderen. Man hat öfters Magrittes Text *Die Wörter und die Bilder* auf das Werk *Grundfragen der allgemeinen Sprachwissenschaft* von Ferdinand de Saussure bezogen. Es erschien erstmals 1916 durch eine Mitschrift und hat mehrere Modifikationen durchlaufen. Der Sprachwissenschaftler Saussure, entscheidender Wegbereiter des Strukturalismus, bezog sich allerdings rein auf das sprachliche Zeichen. Dieses besteht aus dem «Signifikat» (Bezeichnetes, Inhalt etc.) und dem «Signifikanten» (Zeichenkörper als Laut- und Schriftbild). Die Bezugnahme auf die Welt der realen Objekte bleibt dabei ausgeblendet. Doch genau darum ging es Magritte in seinen Ausführungen wie auch in seinen Wortbildern. Bei ihm stellt sich die Frage: Wie oft muss man einen «Schneehut» in der Realität gesehen und ihn als sprachliches Zeichen anerkannt haben, um diesen in der Surrealität – sei es im Traum oder in der Kunst – tragen zu können?

Das sicherlich bekannteste Wortbild Magrittes ist *Ceci n'est pas une pipe (Dies ist keine Pfeife)* von 1929 (Abb. 17). Auf dem Ölgemälde ist eine klassische Pfeife naturgetreu abgebildet, unterhalb von ihr steht in perfekt lesbarer Schulschrift: «Ceci n'est pas une pipe». Wenn man bedenkt, dass Magrittes «Surrealität» darin besteht, dass er das Spiel von Möglichem und Unmöglichem, von Wirklichem und Unwirklichem, von Wahrem und Scheinbarem forciert, dann müssten wir die «Aletheia», die Göttin der Wahrheit, fragen: Was wird in diesem Bild entborgen und verborgen? Der französische Philosoph Michel Foucault, der mit Magritte in Briefkontakt stand, hat zu ebendiesem Gemälde eine kleinere Studie verfasst – unter demselben Titel wie Magrittes Bildunterschrift. Foucault erläutert, dass Magrittes *Dies ist keine Pfeife* die klassische Figur des Kalligramms desavouiert. Schriftbilder gibt es seit der Antike, sie fanden großen Zuspruch im Barock und später bei den Avantgarden des 20. Jahrhunderts. Ein Kalligramm besteht aus einem Textgebilde, das einen Gegenstand mittels Buchstaben abbildet, etwa eine Sanduhr, bei der der Text selbst die Vergänglichkeit des Lebens beschreibt. Das Kalligramm, so Foucault, überspielt die Gegensätze von «zeigen und nennen, vorstellen und sagen, (...), nachahmen und bezeichnen, schauen und lesen». Magritte wiederum betone genau diese Gegensätzlichkeit. Sein Text «Dies ist keine Pfeife» bezieht sich allein auf die dargestellte Pfeife. Natürlich ist die Pfeife im Bild keine reale Pfeife. Magritte meinte

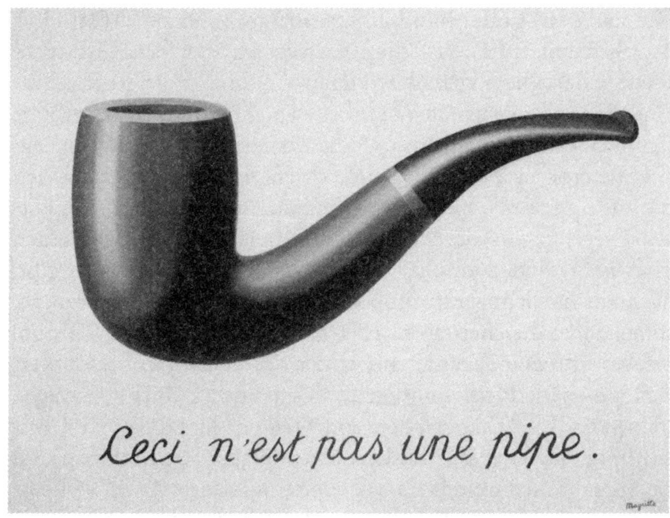

17 René Magritte, *Ceci n'est pas une pipe*, 1929

einmal scherzhaft, man solle doch versuchen, sie zu stopfen und dann zu rauchen. Aber was besagt der Satz im Bild? Wichtig ist das Fürwort «ceci» («dies»). Es weist förmlich auf die Pfeife hin, während der Satz «Das ist keine Pfeife» bloß aussagen würde, es handle sich beim Abgebildeten nicht um eine Pfeife, sondern etwa um eine Flöte. Dieses «dies» verbindet den Satz mit der abgebildeten Pfeife. Dabei ist die abgebildete «Pfeife» weder das Laut- oder Schriftbild, bestehend aus «P-f-e-i-f-e» (Signifikant), noch Inhalt oder gar Repräsentant der Idee «Pfeife» (Signifikat). Wie schon dargelegt, unterschied Magritte in seinem Beitrag *Die Wörter und die Bilder* zwischen «Gegenstand», «Name» und «Bild». Und es gilt: «In einem Gemälde sind die Wörter von derselben Substanz wie die Bilder.» Andererseits gilt ebenso: «Man sieht Bilder und Wörter auf einem Gemälde anders.» Die «Pfeife» zeigt sich und wird angeschaut; der auf die Pfeife hinweisende Satz wird gelesen und nennt damit seine Aussage. Das sind zwei verschiedene Vorgänge. Und dann hielt Magritte in seinem Beitrag fest: «Ein Objekt fungiert niemals wie sein Name oder sein Bild», wobei mit «Name» Wort oder Satz gemeint ist. Die Aletheia entbirgt im Satz «Dies ist keine Pfeife», dass die abgebildete Pfeife kein Objekt der Realität ist. Und das ist eine banale Wahrheit. Doch die Aletheia verbirgt damit eine andere Dimension: Eine gemalte Pfeife oder sonst ein Bild (ebenso eine Metapher oder Metaphernfolge) bezieht sich nie auf ein reales Objekt per se. Erst durch das hinweisende Fürwort «ceci» oder «dies» entsteht eine Relation, die nicht einfach eine wahre (oder falsche) Aussage im logischen Raum ergibt. Wenn in einem Traumprotokoll ein Surrealist eine Pfeife raucht, dann tut er dies natürlich nicht wirklich. Doch der im Traum erlebte Vorgang verweist auf etwas, das erst entschlüsselt werden muss. Die Pfeife in Magrittes Gemälde ist (auch) deswegen keine Pfeife, weil sie sich der Eindeutigkeit einer logischen Überprüfung entzieht. Das Bildelement «Pfeife» wird bildlich und in Sprache metaphorisch, weil diese aussagt: «Dies ist keine Pfeife». Magrittes Wortbild schreibt sich in die Surrealität ein, weil der sprachliche Hinweis («dies») verbürgt, dass die abgebildete Pfeife und der sie verneinende Satz im Gemälde nie in der Realität vorkommen werden.

1933 erschien die erste Nummer der Zeitschrift *Minotaure* – wie schon gezeigt, ein Meilenstein bezüglich der Qualität von Bildreproduktionen. Der Umschlag wurde von Picasso gestaltet. Breton lieferte einen Beitrag unter dem Titel *Picasso in seinem Element*, die umfangreiche Bildergalerie gab Einblicke in Picassos Werkstatt, auch hinsichtlich seiner Skulpturen. Diese Fotografien wirken auf die Betrachter noch heute eindrucksvoll. Der zweite bemerkenswerte Beitrag stammte von André Masson. Betitelt war die Reihe von Zeichnungen mit *Massaker*. Was man auf den Bildern sieht, ist der Ablauf reinen Schreckens: Zuerst massakriert ein Mann eine Frau, dann zwei Männer eine Frau, und es werden immer mehr. Die Schlusszeichnung geht über zwei Seiten der Zeitschrift, und man kann nur noch schwer ausmachen, wer wen absticht. Was daran besticht, sind die Bewegungsabläufe. Da ist keine perverse Lust im Spiel, sondern es geht um die Mechanik des Tötens. Gezeigt wird ein todbringender Automatismus. Masson gilt in der surrealistischen Malerei als derjenige, der das Prinzip des Automatischen Schreibens äußerst gekonnt auf die bildende Kunst übertrug. 1922 ließ sich Masson in Paris nieder und malte eher in kubistischer Manier. Mitte 1924 kam es zu einer Begegnung Massons mit Breton, und dieser kaufte ihm ein Gemälde ab. Der Maler gehörte fortan zur Surrealisten-Gruppe, doch er blieb auf Distanz. Den Führungsanspruch Bretons als «Chef der Kohorte» – manche nannten ihn auch ironisch den «Papst des Surrealismus» – wollte der Maler nicht einfach akzeptieren. Zu einem kompletten Bruch kam es allerdings nicht, obwohl Breton Masson 1930 in seinem *Zweiten Manifest des Surrealismus* Illoyalität und Geltungssucht vorwarf. Der *Massaker*-Beitrag in *Minotaure* stammt ja von 1933, und auch in der Zeitschrift *La Révolution Surréaliste* war der Maler mit mehreren Bildbeiträgen vertreten. Breton selbst beschrieb die Analogie zwischen Automatischem Schreiben und den automatischen Zeichnungen Massons: Egal ob die «Schreibfeder beim Schreiben oder der Bleistift beim Zeichnen» zur Anwendung komme, es handle sich stets um eine Form des gedanklich Absichtslosen, die Emotion überlagere das Verstandesmäßige: «Darin liegt das Geheimnis der wunderbaren Linie, die sich im Werk von Masson wie in einem einzigen Schwung bis heute entfaltet hat.» «Le merveilleux», «das Wunderbare», ist nicht das Ergebnis des künstlerischen Prozesses, sondern der Prozess selbst. Die Hand des Malers ist ein Medium, das das Unbewusste aufs Papier setzt. Masson beschrieb es folgendermaßen: «In einer Art Tornado, ohne jegliche Präzision, tauchten Teile auf, die man mit der Sinnenwelt in Verbindung bringen konnte.» Möglicherweise bezieht sich Masson hier mit «Sinnenwelt» («monde sensible») auf Platon, der die Sinnenwelt oder auch das Reich der Wahrnehmung vom Reich der Ideen unterschied. Letzteres gehört der Kategorie des reinen Verstandes an – etwas, das die Surrealisten ja zu überwinden suchten. Es gibt zwar bei Masson auch automatische Zeichnungen mit Schriftelementen, aber meist ergeben sie komplexe Figurationen, die man im Betrachten selbst entschlüsseln muss. Der Maler nannte selbst eine Komposition *Metamorphose* (1925). Das heißt, Automatisches Zeichnen – ob mit Bleistift oder Tinte – hat mit Verwandlung von Formen zu tun. Masson entwickelte das Automatische Zeichnen weiter in Richtung seiner Sandbilder («tableaux de sable»). Die Leinwand wurde mit Leim bearbeitet, wobei sich unregelmäßige Tropfspuren bildeten. Dann häufte der Maler Sand auf die Leinwand und bearbeitete das Ganze zum Teil mit einem Messer oder Kamm. Nach mehreren Arbeitsvorgängen bildeten sich unterschiedliche Schichten und Verläufe. Zuletzt wurde Farbe – aus der Tube und nicht mit dem Pinsel – auf die Leinwand aufgetragen. So bildeten sich fremdartige Strukturen, Metaphern der Natur, die man als Betrachter bestaunt und assoziativ zu entschlüsseln sucht. Bilder wie *Schlacht der Fische* (1926) oder *Fische, auf Sand gezeichnet* (1926/27) sind beeindruckende Beispiele dieses Verfahrens, bei dem Sand, Gips, Ölfarbe, Blei- und Kohlestift auf der Leinwand zur Anwendung kamen. Für Masson entstanden durch diese Einbindung der Natur Metamorphosen. Im Sandbild *Undine* (1937) wird dies ganz deutlich, weil neben den halbabstrakten Formen eine Feder und eine Muschel ins Bild gesetzt sind. Doch auch als Ölgemälde gestaltete dies der Maler: In *Metamorphose der Liebenden* (1938, Abb. 18) erkennt man in leicht abstrakten Figurationen, wie Menschliches und Pflanzliches ineinander übergehen. Schon in Bezug auf Max Ernsts Bildwelt wurde auf das Motiv der traumhaften Verwandlung und der Metamorphose hingewiesen. Massons Bildmetaphorik folgt weniger der «condensation» («Verdichtung») als einem «déplacement», einer «Verschiebung». Und wenn in Massons Werk öfters Kampf oder gar Tod ins Spiel kommt, sollte man nicht vergessen, dass die Metamorphose stete Wandlung des Lebens bedeutet. «Der Künstler, der Dichter glaubt an das Leben und verherrlicht es in jeder Weise, was immer er auch tut.» Eindeutiger hätte es Masson nicht sagen können.

Anders als bei den Schriftstellern gibt es bei den bildenden Künstlern mehrere, die dem Surrealismus zumindest zeitweise nahestanden und sich auch der Kunstbewegung verbunden fühlten. Wie schon erwähnt, bewunderten alle Surrealisten die Kunst Pablo Picassos. Er war 1925 sogar mit Exponaten auf der ersten Ausstellung surrealistischer Malerei in der Galerie Pierre

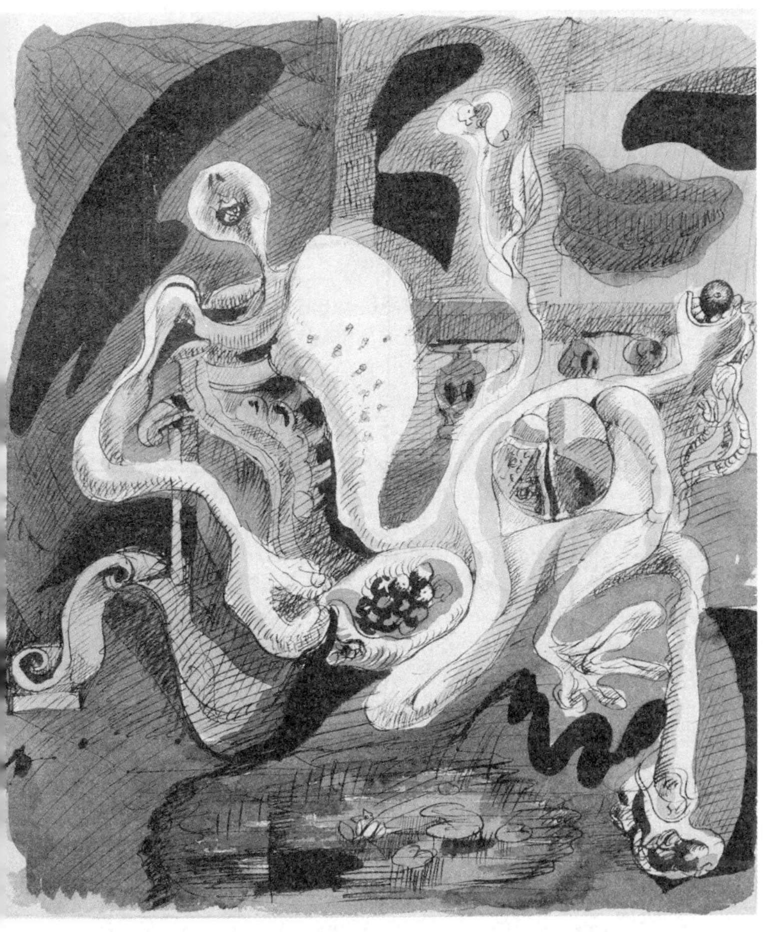

18 André Masson, *Metamorphose der Liebenden*, 1938

vertreten. Breton war besonders stolz, Picasso zur Teilnahme bewogen zu haben, schien dies doch ein Schritt des Malers in Richtung Surrealismus zu sein. Picasso war den Avancen der Gruppe gegenüber nicht abgeneigt und unterstützte auch die Kunstbewegung – doch seinen eigenen Weg in der Kunst ging er eher allein. Ähnliches gilt für den Objekt- und Konzeptkünstler Marcel Duchamp. Er war schon in die (prä-)dadaistischen Tendenzen um die Galerie 291 in New York involviert und pflegte gute Beziehungen zu den Dadaisten in Zürich. Dasselbe gilt für den Pariser Surrealisten-Kreis: Duchamp nahm am Geschehen Anteil und war auch gelegentlich mit Bildbeigaben in den Zeitschriften vertreten, doch er blieb ein Solitär. Anders verhält es sich bei Alberto Giacometti, der schon als Wegbegleiter Bretons in dessen Publikation *L'amour fou* Erwähnung fand. Was die Surrealisten an dem Schweizer Künstler besonders anzog, waren dessen Objekte: etwa *Schwebende Kugel* (1930/31), die in abstrakter Weise symbolisch auf Themen wie Gewalt oder Eros verweist. Noch eindeutiger in Richtung Radikalmetapher geht *Der surrealistische Tisch* (1933): Auf einem Tisch befinden sich disparate Gegenstände wie eine Frauenbüste, eine abgetrennte Hand, ein bearbeiteter Stein. Der Betrachter muss die einzelnen Objekte selbst intuitiv zusammendenken. Doch die meisten seiner Skulpturen gehen in ihrer formalen Stringenz andere Wege als der Surrealismus. 1934 kam es zu einem Streit mit Breton und zu Giacomettis Ausschluss aus der Gruppe, was den Künstler tatsächlich in eine Schaffenskrise stürzte. Dalís spanisch-katalanischer Landsmann Joan Miró hat sich von Anfang an der surrealistischen Bewegung nahe gefühlt. Er nahm an Ausstellungen teil, zahlreiche Abdrucke seiner Werke finden sich in den Zeitschriften. Doch offiziell war er nie Mitglied der Gruppe. In seinen Bildern finden sich zuzeiten Schriftelemente, die Figuren sind oft halbabstrakt (obwohl Miró abstrakte Malerei ablehnte). Es lassen sich allerdings oft Objekte wiedererkennen, etwa Blätter, Augen, Hände. Manche Bilder aus den 1930er Jahren wie *Frau* (1934), Bildcollagen und Objektinstallationen tragen durchaus surrealistische Elemente in sich. Doch eine klare narrative Landschaft – wie bei den Kern-Surrealisten – ergeben seine

Bilder keineswegs. Das ist bei vier weiteren bildenden Künstlern etwas anders. Der in Paris geborene Yves Tanguy stieß 1925 zur Gruppe der Surrealisten. Von ihm gibt es automatische Zeichnungen, die wie bei Masson Figurationen aufs Papier setzen, die allerdings aus locker verteilten Einzelelementen bestehen. Der monochrome Hintergrund vieler seiner Ölgemälde erinnert an diejenigen Dalís. Blickt man auf Tanguys Bilder, so hat man den Eindruck, sich in einer Wüste, am Meeresboden oder gar in der karstigen Landschaft eines fremden Planeten zu befinden. Das kann man als Botschaft vom Ende der Welt deuten. Verstärkt wird dieser Eindruck dadurch, dass abstrakt-figürliche Formen die Bilder bevölkern. Bei Tanguy wird das Unwahrscheinliche durch die Hand des Malers in die sichtbare und deutbare Bildwelt einer Surrealität überführt. Der Österreicher Wolfgang Paalen stieß 1935 zur Surrealisten-Gruppe. In seinen «Fumage»-Bildern ließ er Kerzenrauch auf die Leinwand gleiten, die dann auch mit Ölfarbe ausgestaltet wurde. Dem Maler ging es dabei darum, ein halluzinatorisches Wahrnehmungserlebnis beim Betrachter auszulösen. In Paalens Ölgemälden verschlingen sich zum Teil halbabstrakte Formen, eine Art bildlich ausgestaltete Metamorphose ähnlich der Massons. Doch lassen sich diese Formen auch mit jenen Tanguys vergleichen. Dem Rumänen Victor Brauner verhalf Breton 1933 zu seiner ersten Einzelausstellung. Brauners Bildwelt brachte den Surrealisten eine neuartige Perspektive: Seine Figuren haben menschliche Züge, scheinen aber durch eine fremde Bildmetaphorik aus einer anderen, surreal-märchenhaften Welt zu stammen. Der Deutsche Hans Bellmer wiederum faszinierte die Surrealisten mit seinen erotischen Zeichnungen und mit seiner Puppenkonstruktion (*Die Puppe*, 1936ff.).

Resümierend lässt sich festhalten, dass narrative Elemente oder eine narrative Landschaft klare Kennzeichen surrealistischer Malerei sind. Die Radikalmetapher wird nach dem Prinzip der Ideenassoziation umgesetzt. Bei Ernst und Masson ergibt dies allerdings Metamorphosen, es erfolgt ein steter bildlicher Wandel im Sinne der «konvulsivischen Schönheit». Im Bild kommt daher neben der «condensation» («Verdichtung») auch ein «déplacement», also eine «Umstellung», «Verschiebung», zum Tragen. Die Verschiebungen bei Dalí führen zu einer «konkreten Irrationalität». Nach seiner paranoisch-kritischen Methode ist der Wahn-Sinn, der Sinn des Wahns, ordnend-assoziativ. Ähnlich wie bei Magritte stellt sich die Frage: Was ist Wahrheit, was Realität? Magrittes «Surrealität» besteht darin, dass es zu einem Spiel von Entbergen und Verbergen, von Möglichem und Unmöglichem kommt. Ganz allgemein heißt das: In der bildenden Kunst des Surrealismus ist das Oszillieren im Bildbereich zwischen «Verdichtung» einerseits und «Verschiebung» andererseits wesentlich stärker ausgeprägt als in der Literatur.

Das geteilte Auge – Objekte, Fotografie und Film

In der surrealistischen Objekt-Kunst wird auf plastische Weise Bretons Idee der «trouvaille», der «Findung» realisiert: Das Kunst-Objekt ist eben «objet trouvé», ein «gefundenes Objekt». Das Subjekt wird von den Dingen affiziert, um diese neu zu gestalten. Das heißt, Gegenstände des Alltags werden so zusammenmontiert, dass sie eine surrealistische Plastik ergeben. Dalís *Hummer-Telefon* wurde schon erwähnt. Doch er entwickelte diese Methode weiter, etwa in *Die aphrodisische Jacke* (1936). An dieses Smoking-Jackett waren gut zwei Dutzend Likörgläser genäht. Nach Dalí befand sich in den Gläsern ein Pfefferminzlikör, um aphrodisisch den Geschlechtstrieb des Trägers zu steigern. Dalí trug diese Jacke zuzeiten selbst. Eine reine Desavouierung des Alltagsbildes ist das Objekt *Frühstück im Pelz* (Abb. 19) der in Berlin geborenen Meret Oppenheim: Es ist eine normale Kaffeeschale und Untertasse mit einem Löffel. Nur: Alle drei Dinge, die im täglichen Gebrauch eine Einheit bilden, sind mit Pelz überzogen. *Frühstück im Pelz* (1936) ist ein klassisch zu nennendes Objekt-Beispiel für die surrealistische Radikalmetapher. Kunst-Objekte schuf allerdings auch Breton. Den meisten surrealistischen Objekten sitzt der Schalk im Nacken. Man wollte die Betrachter durch die Zusammenstellung der Einzeldinge irritieren. Dalí platzierte auf dem Pendel eines Metronoms ein überdimensionales Auge, das rhythmisch hin- und herschwang. Doch sein *Métronome* von 1944 hat einen Vorgänger: Man Ray montierte am oberen Ende des Pendels eine Fotografie eines Auges und nannte das Ganze *Zerstörbares Objekt*. Das war 1922/23, und in den folgenden Jahren schuf er weitere Kunst-Metronome.

Der gebürtige Amerikaner Man Ray ging 1921 nach Paris und kam alsbald in Kontakt mit dem dada-surrealistischen

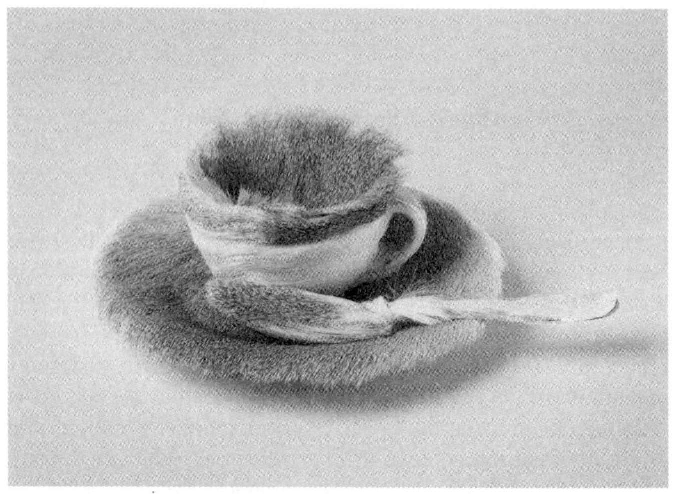

19 Meret Oppenheim, *Frühstück im Pelz*, 1936

Kreis um Breton. Zum einen avancierte er zum Porträtfotografen der Gruppe. Dabei setzte er auch das Verfahren des Silbergelatine-Print ein, das das Antlitz des oder der jeweiligen Fotografierten beinahe dreidimensional hervorhob (etwa die Fotografie von Dora Maar, 1936). Ähnliches gilt für den belgischen Surrealisten Raoul Ubac: Seine Fotoserien nach der Negativ-Sandwich-Technik lassen menschliche Körper entweder wie Skulpturen erscheinen – oder sie verwandeln sich in halbabstrakte Formen. Während die Berliner Dadaisten auf Fotocollagen und -Montagen setzten (etwa Raoul Hausmann, John Heartfield und Hannah Höch), enthält die surrealistische Fotografie stets eine geheimnisvolle, metaphorische Landschaft. Man Rays Modefotografien inszenieren um das Modell eine Bildgeschichte. Auf *Violine von Ingres* (1924) sieht man Rücken und Gesäß seines Modells, durch die eingezeichneten F-Löcher ähnelt der weibliche Körper dem Musikinstrument. Dieses Werk gehört sicherlich zu den meistreproduzierten Bildern der Fotografiegeschichte. Eine geradezu klassische Radikalmetapher ist die Fotografie *Erotisch-Verhüllt* (1933): Die nackte Meret Oppenheim steht vor einer Tiefdruckpresse. Da hilft nur tätige Ideenassoziation, um die beiden Bildelemente zusammenzubringen. Man Ray stellte bewusst das Mysteriöse des weiblichen Körpers in den Vordergrund. Es kam sogar zu einer Publikationszusammenarbeit mit Éluard: In *Facile* von 1935 gab es weibliche Aktfotografien von Man Ray – und um die Körper herum setzte Éluard seine Gedichte. All dem antwortete Dora Maar aus weiblicher Perspektive: Sie nahm sich Jacqueline Lamba, Künstlerfreundin und Frau Bretons, zum Modell und stellte sie in extremen Schwarz-Weiß-Tönen als eine Art Cupido dar. In *Die Beine* 1 + 2 (1935) ist die Belichtung der zwei abfotografierten Frauenbeine so stark, dass man meint, diese würden sich verselbstständigen. Am weitesten im Sinne der Geschlechtlichkeit in der Fotografie ging sicherlich die Künstlerin Claude Cahun (eigentlich Lucy Renée Mathilde Schwob). Mit ihren teilweise transsexuellen Porträts war sie ihrer Zeit weit voraus. Da Paris das Zentrum der Surrealisten war, ist es wenig verwunderlich, dass die Seine-Metropole zum Gegenstand der Fotografie wurde. Besonders die Fotokünstler Brassaï (eigentlich Gyula Halász) und Eli Lotar (eigentlich Eliazar Lotar Teodorescu) – aber auch Man Ray – erzählten in ihren Fotografien die Geschichte der Stadt. Es ist eine ins Dunkle, Mysteriöse getauchte Urbanität, die sich dem Betrachter offenbart. Brassaï lichtete auch die Graffiti der Stadt ab. Lee Miller agierte sowohl als Modell als auch als Fotografin. Sie wie auch Jacques-André Boiffard arbeiteten im Umfeld von Man Ray. Doch auch Breton und Magritte griffen zum Fotoapparat: Die Collage-Porträts Bretons zeigen etwa Éluard oder ihn selbst in befremdlicher Umgebung. Magrittes Fotografien wiederum halten seltsame Begebenheiten aus dem Alltag fest. Und man sollte nicht vergessen, dass Breton in seinen beiden Büchern *Nadja* und *L'amour fou* die Textebene mit Fotografien verband. Damit ist eines einsichtig: Für die Surrealisten wurde die Fotografie zu einem Medium gleichen Werts wie Literatur oder Malerei, mit dem sich in einer radikalen Bildlichkeit (Bretons Radikalmetapher) das Mysteriöse, Seltsame, ja, Gefährliche darstellen ließ – dies alles im Sinne eines weitgefächerten Wunderbaren.

Schon die Dadaisten versuchten sich im neuen Medium Film.

Die «einzigen vollkommenen surrealistischen Filme», wie Breton meinte, stammen von Luis Buñuel. *Das goldene Zeitalter* (1930) ist allerdings trotz vieler surrealer Szenen ein handlungsorientierter Film mit einer klaren Botschaft: Es geht gegen die Moral der bürgerlichen Gesellschaft mit ihren Pfeilern Vaterland, Familie, Geld und Religion. Wesentlich stärker an der Bildlichkeit des Surrealismus orientiert ist der Kurzfilm *Ein andalusischer Hund* (1929). Für beide Streifen schrieb Buñuel gemeinsam mit Dalí das Drehbuch. Die beiden versuchten im *Andalusischen Hund*, rationale, mittels Verstand in eine Ordnung zu bringende Bildfolgen zu dekonstruieren und gleichzeitig so viele Radikalmetaphern wie möglich ins Geschehen einzubauen. Buñuel sagte es ganz klar: «*Ein andalusischer Hund* würde nicht existieren, wenn der Surrealismus nicht existierte.» In der zwölften Nummer von *La Révolution Surréaliste* wurde das Drehbuch abgedruckt. Im Prolog ist zu lesen: «Eine leichte Wolke nähert sich dem Vollmond. Dann der Kopf einer jungen Frau mit weit aufgerissenen Augen. Das Rasiermesser bewegt sich auf eines der Augen zu. Die leichte Wolke zieht jetzt am Vollmond vorbei. Das Rasiermesser dringt in das Auge der jungen Frau und durchtrennt es.» Hier wird die Ästhetik des Schreckens evoziert, wobei auch weitere Bildmotive Düsternis verbreiten: Eine abgehackte Hand liegt auf dem Trottoir. Im Handballen tummeln sich Ameisen. Die Brüste der Frau verwandeln sich unter den Händen des Mannes in ihr Gesäß. Zwei Eselskadaver sind auf zwei Klavieren platziert. Handlungsmäßig geht es um klassische Themen wie Liebe, Verrat und Tod. Die Szenen im Stummfilm lassen sich allerdings auch als Traumsequenzen interpretieren, die der Zuschauerschaft, die sich ja im Wachzustand befindet, aufgedrängt werden. Interessant ist, dass David Lynch in seinen Experimentalfilm *Eraserhead* (1977) einige Motive aus dem *Andalusischen Hund* adaptierend miteingefügt hat. Dalí wiederum gestaltete eine komplett surrealistische Traumszene für Alfred Hitchcocks Psychothriller *Spellbound* (1945).

La femme surréaliste – Frausein zwischen Kreation und Kreativität

1929, in der zwölften und letzten Nummer von *La Révolution Surréaliste*, erschien eine Foto-und-Bildmontage (Abb. 20). In der Mitte sieht man eine nackte Frau, oberhalb und unterhalb ihres Körpers ist zu lesen: «Ich sehe nicht die verborgene (Frau) im Wald.» Rund um das Bild sind Porträtfotografien der Surrealisten (ähnlich wie die für einen Pass) angeordnet, unter ihnen Maxime Alexandre, Aragon, Breton, Buñuel, Dalí, Éluard, Ernst, Tanguy und Magritte. Alle Männer halten die Augen geschlossen. Als Vorlage für die abgebildete Frau diente das Ölgemälde *Die verborgene Frau* (1929) von Magritte. Der Maler hat ähnliche Motive in anderen Bildern umgesetzt. 1934 malte Magritte *Die Vergewaltigung*. Auf dem Ölbild ist ein Frauenkopf zu sehen. Nur: Die beiden Augen sind Brüste, die Nase ist der Nabel, der Mund die Scham. Dieser pervertierte Frauenkopf diente im selben Jahr als Cover für Bretons Publikation *Was ist der Surrealismus?*. Der Inhalt – ein Vortrag Bretons in Brüssel – war äußerst politisch. Doch der ahnungslose Betrachter des Covers musste annehmen, dass der Surrealismus stark sexuell konnotiert sei. Für die Montage *Ich sehe nicht die verborgene (Frau) im Wald* gab es allerdings ein Vorbild. In der ersten Nummer von *La Révolution Surréaliste* von 1924 war eine Fotomontage abgebildet: Man sieht Porträtfotografien von Breton, Crevel, Artaud, Aragon, aber auch von Freud, de Chirico und Picasso. In der Mitte ist die Fotografie von Germaine Berton abgebildet, einer bekannten Anarchistin. Am unteren Ende der Montage wird ein Satz Charles Baudelaires zitiert: «Die Frau ist das Wesen, das den größten Schatten und das größte Licht in unsere Träume projiziert.» Klar ersichtlich ist, dass sich der Name «Berton» leicht zu «Breton» umstellen lässt.

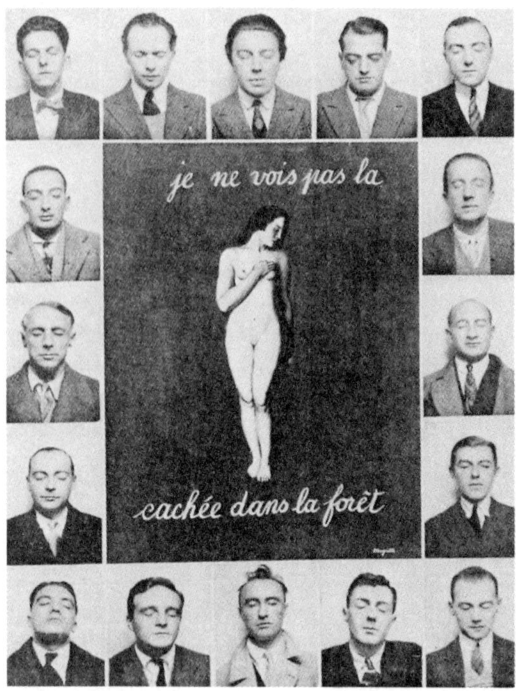

20 *Je ne vois pas la (femme) cachée dans la fôret (Ich sehe nicht die verborgene (Frau) im Wald)*, Montage, 1929

Ohne Zweifel haben die männlichen Surrealisten ihre sexuell-erotischen Phantasien auf das Weibliche projiziert. Die Frau ist eine Kreation der Männer – in der Kunst wie im Leben. Ihr Wesen sollte zwischen Hingabe, Musentum und antibürgerlicher Anarchie oszillieren. Letzteres befähigte sie allerdings, aktiv an den Kunstmanifestationen teilzuhaben. In Bretons *Zweitem Manifest des Surrealismus* von 1930 ist zu lesen: «Das Problem der Frau auf dieser Welt ist das wunderbarste und das aufregendste.» Die einzige Liebe, die für Breton zählt, ist die zwischen Mann und Frau: «Das Wesen, das du liebst, lebt.» In *L'amour fou* verherrlicht Breton die Liebe zu seiner zweiten Ehefrau Jacqueline Lamba. Dass sie bereits Kunstfotografien veröffentlicht hatte, wird nicht erwähnt. Allerdings finden sich im Buch zwei Fotografien der Künstlerinnen Rogi André und Dora Maar. Bretons Erhöhung der Liebe nimmt mittelalterliche Züge an, wie er selbst einräumte. Gemeint ist die «Hohe Minne»: Entweder dichtete der Minnesänger ein Lob auf eine hochgestellte Dame oder gleich auf die Gottesmutter. Dalí sollte Breton später noch übertreffen: Er stellte seine Frau Gala als Madonna dar oder als Betende – als Maria Magdalena – vor dem gekreuzigten Jesus. In den Jahren 1928 bis 1932 kam es zu mehreren Gesprächsrunden in Sachen Sexualität. Meist waren daran nur die Männer beteiligt, in den letzten Runden stießen auch Frauen dazu. Explosiv wurde es gleich beim ersten Mal. Zuerst ging es um die Frage des Orgasmus bei Mann und Frau, doch dann lenkte Péret das Thema auf die Homosexualität. Einige hatten keine Bedenken, andere wieder wollten damit nichts zu tun haben. Doch Breton schwang das Zepter der Moral: «Ich klage die Homosexuellen an, der menschlichen Toleranz ein geistiges und moralisches Defizit unterzujubeln, das darauf abzielt, sich als System aufzuspielen und alle Unternehmungen, die ich achte, lahmzulegen.» Das Aberwitzige an Bretons Argumentation ist, dass er sich stets antiklerikal gab, hier aber im doppelten Sinn christliche Werte vertritt. Zum einen ähnelt seine Verehrung der Frau der Verehrung der Madonna, die sich in göttlich-weiblicher Schönheit offenbart. Zum anderen lehnte die Amtskirche zu Zeiten Bretons Homosexualität strikt ab. Und das mit genau demselben Argument wie Breton: Allein die Liebe zwischen Mann und Frau zählt. Bretons Liebeslob ist doppelbödig.

Das Liebesleben der Surrealisten war äußerst schillernd. Bretons erste Gemahlin, die Bankierstochter Simone Kahn, wurde später eine bekannte Galeristin, Sammlerin und Feministin. Beiderseitige Affären führten zum Ende der Ehe. Mit Jacqueline Lamba hatte Breton eine Tochter: Aube Breton-Elléouët, die wie ihre Mutter bildende Künstlerin wurde. Lamba trennte sich von Breton im New Yorker Exil 1942. Ebendort lernte er seine dritte Ehefrau kennen: Elisa Bindhoff Enet. Mit ihr blieb er bis zu seinem Lebensende zusammen. Max Ernst war viermal verheiratet: mit der Autorin Luise Straus (der gemeinsame Sohn Jimmy Ernst, ebenfalls Maler), mit der Malerin Marie-Berthe

Aurenche, mit der Kunstmäzenin und Sammlerin Peggy Guggenheim und mit der Malerin und Lyrikerin Dorothea Tanning. Leonora Carrington, ebenfalls Malerin und Schriftstellerin, lebte mit Ernst einige Jahre zusammen. 1922 übersiedelte Ernst nach Paris und wohnte erst einmal bei Paul Éluard und dessen Gattin Gala. Sie und Ernst begannen eine Liaison, die Éluard duldete. Freie Liebe fordert eben Opfer. Dass sich Gala später für Dalí entscheiden sollte, war damals noch undenkbar. Die sich wandelnden Liebesverhältnisse konnten auch tragisch ausfallen. Wolfgang Paalens Ehefrau, die Künstlerin Alice Rahon, hatte eine Affäre mit Picasso und wurde von ihm schwanger. Sie entschied sich für eine Abtreibung, was die Eheleute in eine tiefe Krise stürzte. Doch zurück zu Gala. Ähnlich wie Breton Jacqueline Lamba überhöhte Éluard Gala in seinen Gedichten, eine Art surrealistische «Hohe Minne». Gala und Éluard hatten eine gemeinsame Tochter, Cécile. Nach der Scheidung erhielt Éluard das alleinige Sorgerecht. Gala widmete sich ab da ausschließlich ihrer Beziehung mit Dalí. Man hat wegen ihrer Egozentrik viele gehässige Worte über diese «Muse» verloren, doch das ist nur die eine Seite. Tatsache ist, dass sie den spanischen Maler perfekt managte. Sie verkaufte in der Anfangszeit persönlich seine Bilder, sie organisierte Mäzene und sie machte Dalí zu dem, den wir heute kennen: dem dandyhaften Künstler mit Schnauzbart, Gehstock und stets in Pose (Abb. 21). Nicht zu Unrecht nannte Dalí Gala «meine Doppelgängerin». Doch es gab auch eine politisch agierende Muse. Die Russin Elsa Triolet (geborene Ella Jurjewna Kagan) pendelte in den Jahren 1925 bis 1928 zwischen Paris und Moskau. 1927 trat sie in die Kommunistische Partei Frankreichs ein. Ein Jahr später lernte sie Louis Aragon kennen und lieben. Sie verfasste selbst Prosa, die man als populär-realistisch bezeichnen kann. Der Surrealismus war ihre Sache nicht. Breton stand sie ablehnend gegenüber. Triolet entfremdete die beiden Weggefährten und verstärkte das ohnehin schon vorhandene Interesse Aragons für den Kommunismus. Was er damals möglicherweise nicht wusste, war, dass seine Elsa engste Beziehungen zur sowjetischen Geheimpolizei GPU unterhielt.

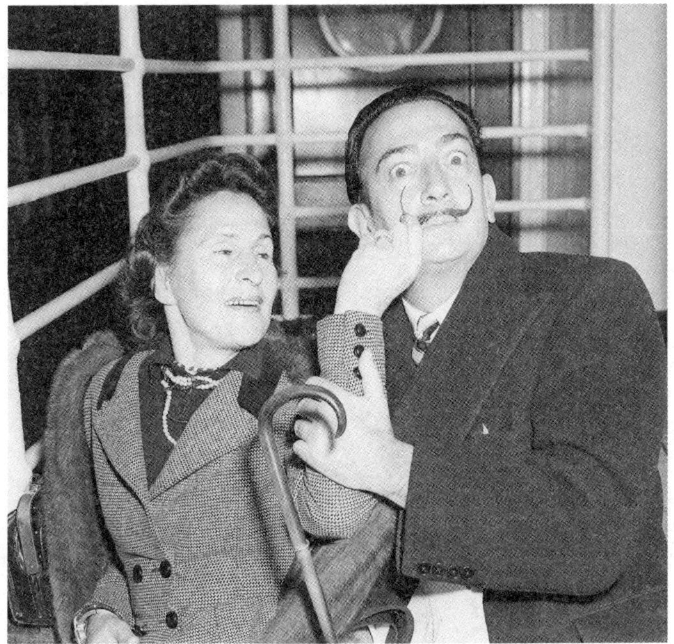

21 Gala und Salvador Dalí, 1951

Einige Frauen des Surrealismus waren bei weitem nicht bloß Kreationen ihrer Männer, sondern gaben ihrer künstlerischen Kreativität einen eigenen Ausdruck. Im Rahmen dieses Bandes kann auf sie nur kursorisch eingegangen werden. Ob die Surrealistinnen Werke von gleichem Wert wie die der männlichen Künstler realisiert haben, wird die Kunstgeschichte zu entscheiden haben. Auf jeden Fall steigt seit geraumer Zeit das Interesse an ihnen. Die Surrealistinnen bloß am Rand einer kunsthistorischen Darstellung zu verorten, wird daher in Zukunft nicht mehr möglich sein. Unter ihnen gab es – ähnlich wie im Fall von Hans Arp – Doppelbegabungen im Sinne eines «peintre-poète». Die Britin Leonora Carrington kam 1937 nach Paris und lernte den 26 Jahre älteren Max Ernst kennen. Sie wurden für einige Jahre ein Paar. Carringtons Bilder sind oft von einer surrealis-

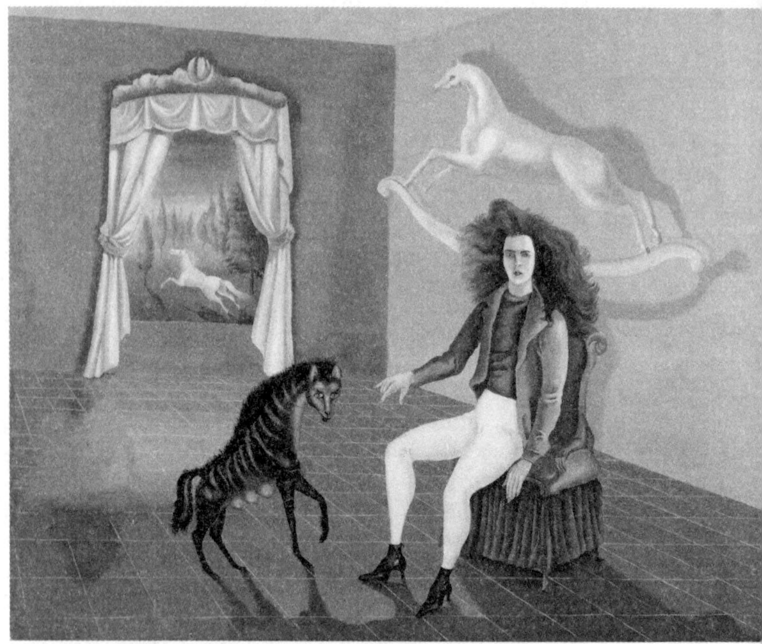

22 Leonora Carrington, *Selbstporträt*, 1937/38

tisch-mythologischen Ausdruckskraft geprägt und stets figurativ. In *Selbstporträt* (1937/38, Abb. 22) sieht man die Künstlerin umgeben von einer Hyäne und einem Schaukelpferd. Blickt man aus dem Fenster, so erkennt man ein fliehendes weißes Pferd – für Carrington ein Symbol aus der keltischen Mythologie. Breton schilderte gern folgende Szene: Die Künstlerin habe sich in einem schicken Restaurant gelassen die Schuhe ausgezogen und sich ihre Füße mit Senf bestrichen. Raffiniert zubereitete Rinder- oder Kalbsfüße gelten bei französischen Gourmets als Delikatesse – Dijon-Senf gehört naturgemäß dazu. Ihre Bilder ordnete Breton dem «Wunderbaren» zu, «durchdrungen von okkultem Licht». Carrington schrieb auch Prosa und Theaterstücke. In *Das Haus der Angst* (1938) und in *Die ovale Dame* (1939) gibt es sprechende Pferde, seltsame Damen peitschen im

Garten Gemüsepflanzen, ein glücklicher Toter unterweist einen Jüngling in Sachen Liebe. Das Surreale in Carringtons Prosa liegt mehr im Inhalt als in der Form. Angeregt durch ihren Mann Wolfgang Paalen begann Alice Paalen Rahon Ende der 1930er Jahre zu malen. Ihre Bilder haben figurative wie abstrakte Elemente, ergeben ein Zusammenspiel von Symbolen, Farben und Texturen. Doch in der Hauptsache tat sich Paalen Rahon als Lyrikerin hervor. Ab 1936 publizierte die gebürtige Französin in den «Éditions surréalistes». In ihren zahlreichen Gedichten spürt sie den Verbindungen zwischen der Natur und dem Menschlichen nach. Der Himmel und seine Wettererscheinungen, die Steine und die Tiere – sie folgen symbolisch dem Gang der Menschen, die Liebende sein können: «Ich denke oft an die unschuldigen und besinnlichen Liebschaften / an die wilden Tiere, die sich vereinigen / so wie man sich die Hand reicht». Gisèle Prassinos galt bei den Surrealisten als literarisches Wunderkind und als Kindsfrau. Mit nur 15 Jahren wurde ihr in der Nummer 6 der Zeitschrift *Minotaure* eine ganze Seite für Prosaskizzen zur Verfügung gestellt, und in Bretons *Anthologie des Schwarzen Humors* erschienen von ihr zwei Kurzgeschichten. Sie experimentierte auch mit Typographie (Kalligramme). In den 1950er Jahren nahm Prassinos das literarische Schreiben wieder auf, allerdings nicht mehr auf surrealistische Weise.

Die spanisch-katalonische Künstlerin Remedios Varo lernte Benjamin Péret 1936 in Barcelona kennen, ein Jahr später heirateten sie. Ihr bildnerisches Werk fand unter den Pariser Surrealisten Anklang. Ihre Rolle in der Gruppe beschrieb Varo mit den Worten: «Meine Position war die einer schüchternen und demütigen Zuhörerin.» In ihren Bildern werden spirituelle, alchemistische, aber auch wissenschaftliche Momente angesprochen. Ihr spätsurrealistisches Bild *Die Erschaffung der Vögel* (1958, Abb. 23) zeigt eine Frau in Vogelgestalt (nicht unähnlich zu Motiven von Max Ernst). Mit dem Pinsel erschafft sie eine Vogelwelt. Die kleinen Tiere fliegen im düster gehaltenen Raum umher und dann in den Nachthimmel hinaus. Eine utopische Gestalt mit Greifarmen scheint eine Art Gehilfe zu sein. Die Vögel symbolisieren die Brücke zwischen Himmel und Erde, es

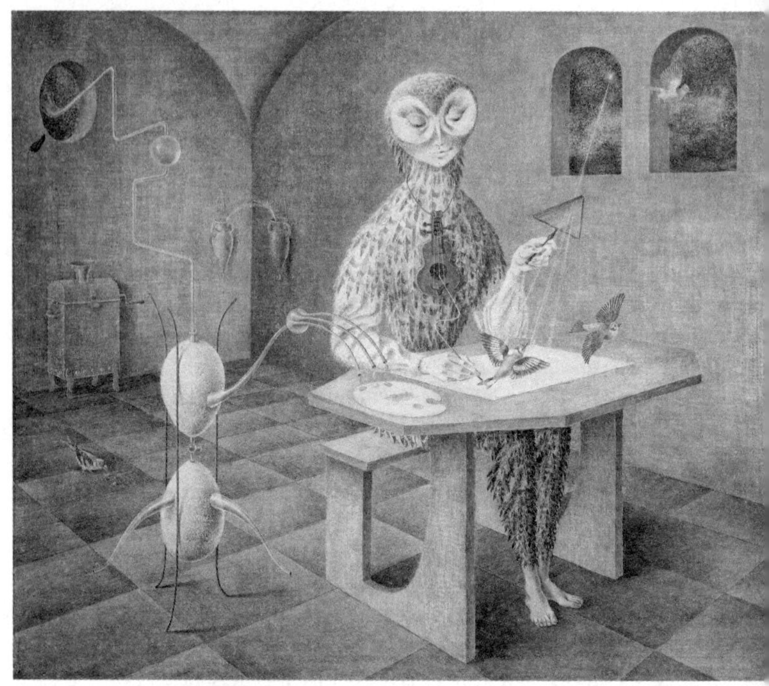

23 Remedios Varo, *Die Erschaffung der Vögel*, 1958

sind Götterboten. Seit ihrer Verheiratung mit Breton waren Jacqueline Lambas Werke auch bei surrealistischen Ausstellungen zu sehen. In ihrer «prismatischen Malerei» versuchte sie sich im Automatischen Zeichnen, in ihren Gemälden kommt sehr stark eine zur Abstraktion neigende Metamorphose der pflanzlichen Welt zum Ausdruck. Gemeinsam mit Breton kreierte Lamba auch Objekt-Assemblagen. Die Amerikanerin Dorothea Tanning – vierte Ehefrau von Max Ernst – trat vor allem als Malerin in Erscheinung. In ihren Bildern wird auf surrealistische Weise eine narrative Landschaft sichtbar. In ihrem Ölgemälde *Eine kleine Nachtmusik* (1943) stehen zwei junge Mädchen auf einer Hoteletage. Alles ist wie im Traum, und die beiden scheinen sich Pflanzen anzuverwandeln. Auf dem roten Teppich ist eine übergroße Sonnenblume zu sehen. Bedrohliche Natur, Albtraumhaftes und kindliche Phantasmen gehen ineinander über. Ähnliches lässt sich zum Bild *Birthday* (1942, Abb. 24) sagen: Es ist ein Selbstporträt der Künstlerin. Sie scheint allerdings ein Blumengewand zu tragen oder sich selbst dem Pflanzlichen anzuverwandeln. Ihr zu Füßen steht ein kleines Fabeltier (ähnlich jenen aus Max Ernsts Collagen), das einer Fledermaus ähnelt. Äußerst aufschlussreich ist eine Fotomontage von Lee Miller, die ja dem Surrealismus nahestand: Diese zeigt Max Ernst und Dorothea Tanning 1942 in der kargen Landschaft Arizonas. Ernst ist überdimensional dargestellt, die kleine Tanning begehrt gegen ihn auf. David versus Goliath – da ist sicher viel, aber nicht nur Ironie im Spiel. Valentine Hugo, die sowohl mit Éluard als auch mit Breton eine Affäre hatte, porträtierte viele Surrealisten. Sie ist diejenige unter den surrealistischen Künstlern, die das menschliche Antlitz in Traumlandschaften einkleidete. Hugo war auch als Illustratorin für Publikationen der männlichen Surrealisten tätig. Die Französin Dora Maar ist wohl die bekannteste Muse und Modellfigur Picassos. Doch nicht über den Maler lernte sie die Surrealisten kennen, sondern es war umgekehrt. Éluard machte die beiden 1936 bekannt. Da war Maar schon längst Teil der Surrealisten-Gruppe. Ihre Fotografien – einige wurden schon angesprochen – bedienen sich gewissermaßen der Radikalmetapher, bringen Bildelemente in Verbindung, die normalerweise nicht zusammengehören, etwa in *Doppelporträt* (1930), *Ohne Titel / Hand und Spiegel* und *Ohne Titel / Hand-Muschel*, beide von 1934. Meret Oppenheim wurde bereits als Modell surrealistischer Fotografie und als Objekt-Künstlerin erwähnt. Der surrealistischen Radikalmetapher folgend und mit einem Schuss Ironie – so kann man viele ihrer Objekte beschreiben. Etwa *Mein Kindermädchen* (1936): Auf einem Silbertablett liegen zwei weiße Damenschuhe. Sie sind mit den nach oben gerichteten Absätzen und den braunen Sohlen so dekoriert, dass sie wie ein Brathähnchen aussehen. Und der *Tisch mit Vogelfüßen* (1939) hat nicht bloß Vogeltischbeine, sondern auf der Platte finden sich Vogelfußabdrücke. Die Italienerin

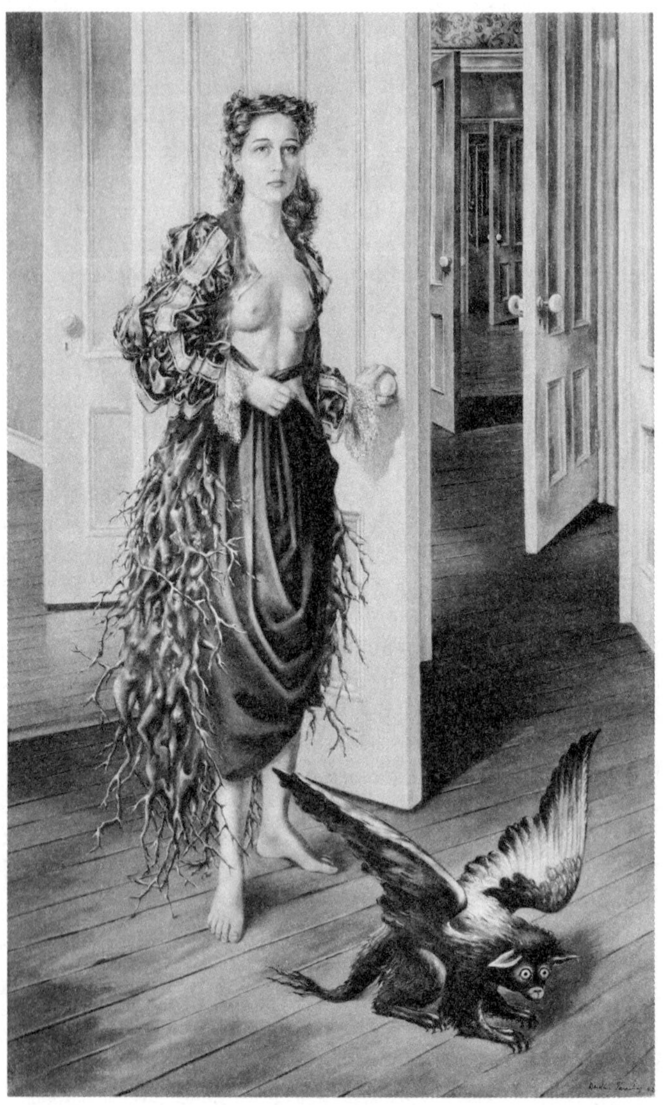

24 Dorothea Tanning, *Birthday*, 1942

Leonor Fini kam Anfang der 1930er Jahre in Kontakt mit den Pariser Surrealisten. Sie nahm an Ausstellungen teil, versuchte sich im Automatischen Zeichnen, doch den Manifestationen der Gruppe blieb sie fern. Im Zentrum ihrer Bilder stehen oft Frauen. Fini wählte oft sich selbst als Bildmodell in surrealer Umgebung – etwa in *Das Ende der Welt* von 1949. Es gibt von ihr ebenso einige Fotografien, auf denen sie in surrealer Pose zu sehen ist – etwa als Vogelfrau oder als Raubtier. Bei einer Künstlerin ist die Nähe zum Surrealismus allerdings fraglich: Frida Kahlo (de Rivera). In den Bildern der Mexikanerin finden sich surrealistische Elemente, etwa in *Wurzeln* (1943) oder in *Der verwundete Hirsch* (1946). Doch auch Neue Sachlichkeit, Phantastischer Realismus und der Einbezug präkolumbianischer Kunst sind für Teile ihres Werks prägend. Breton selbst war von der surrealistischen Strahlkraft der Bilder Kahlos überzeugt. 1938 hielt er fest: «Die Kunst Frida Kahlos ist eine Schleife um eine Bombe.» Abschließend sei noch eines angemerkt: Die surrealistischen Künstlerinnen standen auch aus einem zeitlichen Grund lange im Schatten der Männer. Da sie meist um Jahre jünger waren, schufen sie ihre Werke in der Hauptsache nach 1945. Doch ab da galt der Surrealismus nicht mehr als Speerspitze der Avantgarde. Existentialismus, abstrakte Malerei, aber auch Pop-Art übernahmen das Ruder.

«Die Welt verändern» – Leben und Politik

Viele der Surrealisten kamen aus (groß-)bürgerlichen Verhältnissen. Gegen diese, gegen ihre eigene Gesellschaftsschicht begehrten sie auf. Das wurde schon anhand der Prosaarbeiten gezeigt – vor allem jener von Crevel, Desnos und Soupault. Ein Satz aus Soupaults Roman *En joue!* (*Legt an!* oder *In Gefahr!*), erschienen 1925, mag hier als Motto dienen. Sein jugendlicher Held Julien möchte seiner bourgeoisen Umgebung entfliehen, doch es gelingt nicht ganz: «Das Leben, das, was er Leben nannte, der Fluss seiner Vergangenheit, erhob sich rings um ihn wie Schwemmland aus einer öden und toten Landschaft, wo einzig einige Sterne wundersam funkelten.» Es fällt nicht nur schwer, seine Familie und seine Herkunft komplett hinter sich zu lassen, es ist schlicht unmöglich – etwas funkelt immer nach. Bretons erste Ehefrau Simone entstammte einer wohlhabenden Bankiersfamilie. Beide lebten zum Teil vom Geld der Eltern. Paul Éluards Vater war ein erfolgreicher Immobilienmakler, Éluard arbeitete lange Zeit in dessen Büro. Das elterliche Erbe ermöglichte ihm ein Leben als freier Künstler. Soupaults Vater war ein bekannter Mediziner, seine Mutter entstammte einer äußerst wohlhabenden Advokatenfamilie. Über die Mutter bestand ein Verwandtschaftsverhältnis zum Industriellenclan Renault. Dalís Vater wiederum war der geachtete Notar Don Salvador Dalí y Cusí. Der Vater Wolfgang Paalens erlangte großes Ansehen und Vermögen als Erfinder, Unternehmer und Kunstmäzen. Zudem war er Berater des Habsburgerkaisers Franz Joseph I. Ein großes Vermögen als Textilfabrikant erwarb Leonora Carringtons Vater. Natürlich kamen nicht alle Surrealisten aus (hoch-)bourgeoisen Verhältnissen. Doch wenn Breton etwa Desnos vorwarf, im Journalismus tätig zu sein, oder Giacometti abkanzelte, weil er als Möbeldesigner tätig wurde, dann hat das einen seltsamen Beigeschmack. Von irgendetwas musste man ja leben, es sei denn, man genoss die Gnade familiärer Zuwendungen. Hier nimmt die surrealistische Existenz die Form eines privatisierenden Ästheten an. Mit dem Dasein als Dandy oder Libertin liebäugelten sie sowieso. Die Frage war auch, wer denn die surrealistischen Publikationen und Bilder überhaupt erwerben konnte. Das waren damals ausschließlich gebildete Galeristen, extravagante Intellektuelle und Mäzene – wie der Vicomte Charles de Noailles und seine Frau Marie-Laure. All diese Aspekte waren bei der Annäherung der Surrealisten an die Kommunistische Partei sicherlich nicht von Vorteil.

Die Pariser Surrealisten hatten kaum Verbindung zu Arbeitern, kleinen Angestellten und Beamten, die Klasse der vermögenden Bourgeoisie mieden sie, so gut sie konnten. Daher war ihr sozialer Status auf die eigene Gruppe beschränkt. Und diese musste ständig gestärkt werden. Das geschah durch gemeinsame Erkundungstouren durch Paris, durch Partys in den Wohnungen, durch Treffen in Cafés und einiges mehr. Auch die wechselnden Liebschaften erhalten dadurch eine soziale Komponente. Eine Besonderheit bildet die dada-surrealistische Gruppenaktivität des hypnotischen Schlafes. Besonders Crevel und Desnos taten sich hervor, um in Hypnose Texte von spiritualistischer Qualität von sich zu geben. Desnos lieferte im Trancezustand sogar «hypnotische Zeichnungen». Als die Experimente aus dem Ruder liefen, brach man die Sitzungen ab. Doch Breton blieb von dieser Form der Erweckung des Unterbewussten fasziniert. Im Oktober 1924 wurde das *Büro für surrealistische Forschungen* eröffnet. Diese «surrealistische Zentrale», wie sie Breton auch nannte, sollte Anlaufstelle für all jene sein, die «die unbewusste Aktivität des Geistes» aufspüren wollten. Eine Inventarliste zeigt, dass sich in den Räumen unter anderem ein Bild von de Chirico, ein Aquarell von Desnos, zwei Dossiers zu den Hypnosesitzungen plus hypnotische Zeichnungen von Desnos, mehrere Publikationen von Aragon, Breton und Péret befanden – und seltsamerweise eine Bibel, die Breton gehörte. Im Büro gab es auch Informationsmaterial zur Bewegung, und jeden Tag waren zwei Mitglieder im Büro anwesend, um Interessierte aufzuklären. Allein, das Interesse war gering. Die Surrealisten blieben unter sich, das Büro wurde rund ein halbes Jahr später wieder geschlossen. Der Alltag gestaltete sich oft lähmend und es gab wenig Aufregendes. Nach der Schließung des Café Certa wechselte man ins Cyrano an der Place Blanche. Hier verkehrten Prostituierte und ihre Zuhälter, Zirkusartisten, neugierige Amerikaner, die mit ihrem Geld um sich schmissen. Die Surrealisten kamen hier sicher auf ihre Kosten, doch sie blieben Außenstehende. Sie hatten allerdings nicht ganz vergessen, dass ihnen der dadaistische Geist öffentlichen Aufruhrs innewohnte. Bei einem Bankett für den sechzigjährigen Saint-Pol-Roux – der Dichter des Symbolismus hatte die Surrealisten persönlich eingeladen – kam es zum Eklat. Anfang Juli 1925 versammelte sich in der Closerie des Lilas eine altgediente intellektuelle Elite. Die Schriftstellerin Rachilde, die einst mit ihrem Roman *Monsieur Vénus* Aufsehen erregt hatte, gab antideutsche Parolen von sich. Breton wies sie darauf hin, dass sein Freund Max Ernst aus Deutschland komme, und nannte sie eine «Etappenhure». Als man zur Aktion gegen Breton ansetzte, riefen die Surrealisten: «Nieder mit Frankreich!» Soupault schwang sich auf den Kronleuchter und schmetterte Teller und Gläser herab. Der Tumult wurde von der Polizei aufgelöst und die Surrealisten hatten endgültig jegliches Wohlwollen der arrivierten Kunstszene eingebüßt. Allein *L'Humanité* nahm die Surrealisten in Schutz. Die Zeitschrift war damals schon das offizielle Organ der Kommunistischen Partei Frankreichs.

Man kann nicht sagen, dass die Surrealisten von Anfang an Interesse am Kommunismus russischer Bauart zeigten. Über die Schriften von Marx und Engels zu disputieren, gehörte damals eher zum guten Ton fast aller Intellektuellen. Doch gerade der Eklat um das Bankett für Saint-Pol-Roux zeigte Breton, dass man in eine Sackgasse geraten war. Ähnlich wie Anfang 1922, als Breton den «Congrès de Paris» («Kongress zur Bestimmung der Richtlinien und der Verteidigung des modernen Geistes») ankündigte, um Dada in einen größeren Kunstzusammenhang und damit aus der Isolation zu bringen, sollte sich nun die surrealistische Bewegung in einem breiteren Agitationsrahmen präsentieren. Bislang war das Wort «Revolution» – etwa in der ersten großen Zeitschrift *La Révolution Surréaliste* – als Aufstand des Geistes verstanden worden. Das änderte sich ab September 1925. Nach der Lektüre von Texten Lenins und Trotzkis ging Breton daran, die Surrealisten-Gruppe von der Notwendigkeit einer Teilnahme an der kommunistischen Weltrevolution zu überzeugen. Anfangs schien die Annäherung an die Kommunistische Partei Frankreichs (PCF) zu gelingen. Selbst der sowjetische Erziehungskommissär Lunatscharski, der der russischen Avantgarde gegenüber aufgeschlossen war, befürwortete das Unterfangen. Im Januar 1927 traten Aragon, Breton, Éluard und Péret der PCF bei. Doch die Probleme begannen schon davor. Eine Aussage Bretons macht die Situation deutlich: «‹Die Welt verändern›, hat Marx gesagt; ‹Das Leben ändern›, hat Rimbaud gesagt: Diese zwei Parolen ergeben für uns eine einzige.» Kein eingefleischter Kommunist wäre auf die Idee gekommen, Marx mit Rimbaud, jenem Enfant terrible der symbolistischen Literaturszene, in eins zu bringen. Doch den Surrealisten ging es von Anfang an um eine geistige Revolte, viel weniger um Veränderungen materieller Gegebenheiten. Breton und die anderen wurden immer wieder vor Komitees zitiert, um ihre Position zu erklären. Von Seiten der PCF ist das durchaus verständlich: Wer als Kommunist die Arbeiterschaft gegen den Kapitalismus materiell stärken wollte, der musste zwangsläufig vor den Bildern eines Magritte, eines Ernst oder eines Dalí kapitulieren. Die Propagierung des Wahn-Sinns oder automatischer Schreibverfahren durch die Surrealisten ergab für die PCF eben keinen Sinn. Weder das Hohelied auf die freie Liebe noch die Berufung auf Freuds *Traumdeutung* hatten irgendetwas mit der Ausbeutung der Arbeiterschaft zu tun. Mit Ausnahmen wie Henri Barbusse oder Henri Lefebvre verfügte die PCF über wenig intellektuelles Kapital. Das Fazit war: Durch das Engagement in der PCF wollten die Surrealisten ihrer Isolation entkommen – und fanden sich wieder isoliert.

Ein Sprichwort besagt, dass man nicht Diener zweier Herren sein kann. Breton beklagte im *Zweiten Manifest des Surrealismus* (1930), dass ein PCF-Funktionär einen Surrealisten mit den

Worten anfauchte: «Wenn Sie Marxist sind, dann brauchen Sie nicht Surrealist zu sein.» Vom Gesichtspunkt des Funktionärs aus war diese Feststellung durchaus berechtigt. Die Situation verschärfte sich noch, als Ende der 1920er Jahre Leo Trotzki, der ein ähnliches Kulturverständnis wie Lunatscharski hatte, den Machtkampf gegen Stalin verlor. Stalins «Sozialistischer Realismus» bedeutete die völlige Unterordnung der Kunstschaffenden unter die Parteidoktrin. Im November 1930 vertrat Aragon die Position des Surrealismus bei der «Internationalen Konferenz proletarischer und revolutionärer Schriftsteller» in Charkow (ukrainisch Charkiw). Es wurde zu einer Niederlage auf ganzer Linie: Die Surrealisten sollten sich der kommunistischen Agitation unterwerfen, selbst künftige Arbeiten müssten der Partei vor der Publikation vorgelegt werden. Als Breton davon erfuhr, tobte er voll Zorn, scheute allerdings den Bruch mit seinem Freund und Weggefährten Aragon. Im Oktober 1931 erschien in den «Éditions surréalistes» Aragons Lyrikband *Verfolgter Verfolger*. Das darin enthaltene Gedicht *Rotfront* – der Kampfruf der deutschen Genossen in Charkow – hat es in sich: Zum einen sollen die Genossen die «flics», also die Polizisten, umlegen, aber ebenso sozialistische Abgeordnete wie Léon Blum («Feu sur Léon Blum»). Aragon besingt den «Ruhm des dialektischen Materialismus», die «Gewaltherrschaft des Proletariats», die die «totale Auslöschung dieser Bourgeoisie» herbeiführen wird: «Ihr seid rot wie die Morgenröte / rot wie der Zorn / rot wie das Blut». Es kam zur Anklage, da der Dichter «zu Zwecken anarchistischer Propaganda zum Mord aufgerufen» habe. Breton und die anderen verteidigten zwar Aragon, aber die Anmerkung des Surrealisten-Leaders, *Rotfront* sei bloß ein Gelegenheitsgedicht, kränkte wiederum den Dichter. Als dann Breton in der Streitschrift *Das Elend der Poesie. ‹Die Affäre Aragon› vor der öffentlichen Meinung* Interna der PCF, die ihm Aragon vertraulich mitgeteilt hatte, publik machte, war das Maß voll. Aragon, der längst schon nicht mehr gewillt war, Diener zweier Herren zu sein, schlug sich komplett auf die Seite des Kommunismus. Damit verlor Breton einen sehr engen Freund und einen seiner wichtigsten Mitstreiter. Viele, wie

Breton, wendeten sich Trotzki zu, einige blieben Stalin treu, anderen wiederum war Politik von nun an verabscheuenswert. Das alles geschah 1932. Ein Jahr später sollte neben Stalin ein weiterer Diktator die Weltbühne betreten: Adolf Hitler.

Die Last des Weltkriegs und das Wunderbare des Lebens

Der Abgang Aragons war für die Gruppe ein herber Verlust, bedeutete aber keineswegs das Ende der surrealistischen Aktivitäten. Man denke nur an Bretons Publikationen *Die kommunizierenden Röhren* und an *L'amour fou*. 1934 erschien Pérets Lyrikband *De derrière les fagots* (was man mit *Erlesenes* übersetzen kann). 1937 publizierte Soupault seine *Gesammelten Gedichte*. Und die Schaffensfreude der Maler blieb auf einem hohen Niveau. Die Zeitschrift *Minotaure* erschien bis Mai 1939. In den 1930er Jahren gab es auch wichtige Neuzugänge: Julien Gracq, der in seinen Romanen das Geheimnisvolle und die Gralssuche zum Thema machte. Und der Dichter René Char, der mit Breton und Éluard auch Gemeinschaftsarbeiten veröffentlichte. Auf Seiten der Maler waren es Hans Bellmer, Richard Oelze und Kurt Seligmann. Vom 17. Januar bis zum 24. Februar 1938 fand in den Räumen der Pariser Galerie Beaux-Arts die *Internationale Ausstellung des Surrealismus* statt. Werke von fast allen Künstlern des Surrealismus und solchen, die ihm nahestanden, waren zu sehen: Bellmer, Carrington, Dalí, Duchamp, Ernst, Giacometti, Magritte, Masson, Paalen, Oppenheim, Picasso, Ray, Seligmann, Tanguy, Varo und einige mehr. Künstlerisch bearbeitete Mannequinpuppen wurden ausgestellt. Max Ernst präsentierte die *Schwarze Witwe* mit liegender Männerpuppe, die eine Löwenmaske trug. André Massons Mannequin wurde ein grüner Mundknebel verpasst, der Kopf war in einen Vogelkäfig eingesperrt. Dalí zeigte seine Installation *Regentaxi* (ein von Efeu umranktes Auto, zwei Schaufensterpuppen: ein Chauffeur mit Haifischkopf, eine Dame in Abendgarderobe zwischen Gemüse). Den Hauptraum bildete eine dunkle Grotte, in der die Bilder zu sehen waren. Mit Hilfe von Taschenlampen bewegte sich das Publikum vorwärts. Die Tänzerin Hélène Vanel führte performanceartig einen Anfall von Hysterie vor. Was diese Ausstellung vorwegnahm, waren Installation, Performance, Happening.

Nach der Besetzung Frankreichs durch die deutsche Wehrmacht emigrierten Breton, Dalí, Ernst, Masson, Tanguy in die USA. Péret und Paalen gingen nach Mexiko. Soupault bekam 1943 von General de Gaulle den Auftrag, ein Nachrichtennetz für Nord-, Mittel- und Südamerika aufzubauen. Aragon und Éluard engagierten sich in der Résistance. Ebenso Desnos, der 1944 verhaftet wurde und nur wenige Wochen vor der Befreiung des KZs Theresienstadt an Typhus starb. René Char wurde zum wichtigsten Widerstandskämpfer aus dem Kreis der Surrealisten. Unter dem Decknamen «Capitaine Alexandre» leitete er entscheidende, aber auch verlustreiche Kämpfe gegen die deutsche Wehrmacht. Seine Eindrücke hielt er im Band *Feuillets d'Hypnos* (*Aufzeichnungen aus dem Maquis 1943–44*, deutsch erstmals 1959) fest: «Widerstand ist nichts als Hoffnung. So wie der Mond über Hypnos, voll diese Nacht in jedem seiner Viertel, ist morgen das Traumbild über vorüberziehenden Gedichten.» Dass Hypnos, der Gott des Schlafes, der Zwillingsbruder von Thanatos, dem Gott des Todes, ist, wurde bereits im Zusammenhang mit der surrealistischen Lyrik ausgeführt. Im Résistance-Kampf werden nun der Schlaf und der Traum mit seinen verwegenen, wunderbaren Metaphern vom Tod überlagert. Und dennoch gilt: «Widerstand ist nichts als Hoffnung.»

Zwischen August und Oktober 1944 – Paris wird in dieser Zeit befreit – hält sich Breton mit seiner neuen Frau Elisa an der Küste der kanadischen Gaspésie-Halbinsel auf. Angesichts dieses Naturparadieses und inspiriert durch die Flamme der Liebe schreibt er den Prosatext *Arcanum 17* (1944 erstmals in New York, 1947 textlich erweitert in Paris). Arcanum 17 ist im Tarot die Trumpfkarte «Stern» und steht für Hoffnung und Liebe. Zwar besingt Breton wiederum die Liebe zwischen Mann und Frau, doch ist diese jetzt ein Symbol – ein Symbol für das Ersehnen einer lichten Zukunft. Der Dichter zitiert eine Stelle aus der Offenbarung des Johannes, in der ein mächtiger Engel einen gewaltigen Stein ins Meer wirft, was den Untergang der

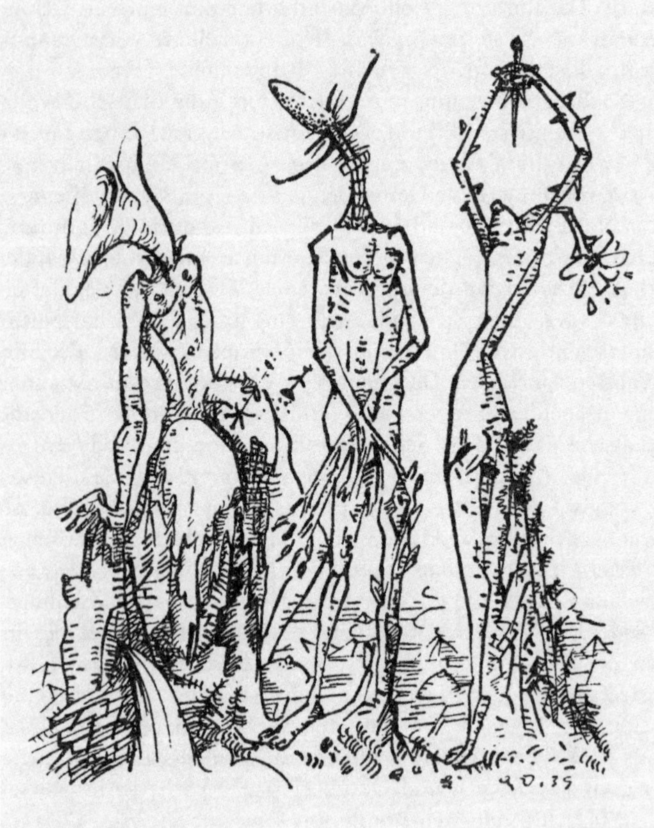

25 Pierre Mabille, *Le mirroir du merveilleux*, Paris 1940, Kapitelbeginn mit Zeichnung von André Masson

Stadt Babylon bedeutet (Offb 18,21). Doch Breton hebt die Hand – nein! Der viel mächtigere Stein sei die Liebe, auf der das Leben aufbaut. Dies ist die entscheidende «révélation», seine persönliche «Offenbarung». Aus der surrealistischen Revolution wird am Schluss des Textes die «Revolte». Sie ist die «Erschafferin des Lichts», durch das der «Engel Freiheit» Gestalt annimmt. Im Buch folgt den Ausführungen noch ein kleinerer Text mit dem Titel *Erhellungen*. Darin begegnet Breton einem Fremden. Und bei den Worten, die gesprochen werden, ist nicht klar, wer von beiden sie äußert: «Das Wunderbare – Achtsamkeit, Überlegung, Logik bedeuten mir nichts. Ich habe mich nicht mehr in der Gewalt. Ich bin, in der vollen Bedeutung des Wortes.» 1940 veröffentlicht Pierre Mabille, der 1934 zu den Surrealisten stieß, ein Buch, das die abendländische Tradition aufruft, um den Geist des Surrealismus mitten im Krieg wachzuhalten: *Der Spiegel des Wunderbaren*, so der Titel. Eine Zeichnung von Tanguy ziert den Umschlag, im Buch selbst befinden sich sieben Originalzeichnungen von Masson (Abb. 25). Platon, Ovids *Metamorphosen*, die Offenbarung des Johannes, der mittelalterliche Dichter Chrétien de Troyes, Shakespeare, Goethes *Faust*, Achim von Arnim, Poe, Rimbaud, der Comte de Lautréamont, Kafka und eine Menge Legenden und Volksmärchen werden zitiert, um diese Texte mit denen der Surrealisten (Breton, Char, Éluard, Gracq, Péret) zu verbinden. 1962 wird *Der Spiegel des Wunderbaren* neu aufgelegt – Breton verfasst das Vorwort. Das Wunderbare habe rein gar nichts mit dem Phantastischen zu tun. Denn: «Das Wunderbare leuchtet am höchsten Punkt der Regungen des Lebens und bindet alles Empfinden.» Das Wunderbare des Traums, des Unbewussten, des Wahn-Sinns und der Liebe hat sich den Surrealisten offenbart und sie haben es durch alle Wirrnisse der Zeiten in ihren Werken manifest gemacht. Vielleicht lässt sich aus alldem eine Maxime ableiten: Wer das Wunderbare im Leben nicht annimmt, hat es eigentlich schon verspielt.

Ausgewählte Literatur

Anmerkung: Die Auswahl bezieht sich in der Hauptsache auf lieferbare Titel. Publikationen etwa zu Salvador Dalí, Max Ernst und René Magritte gibt es in unterschiedlichsten Ausführungen. Sie werden hier nicht extra ausgewiesen.

Louis Aragon: Der Pariser Bauer. Berlin: Suhrkamp 2019

Wolfgang Asholt: Das lange Leben der Avantgarde. Eine Theorie-Geschichte. Göttingen: Wallstein 2024

André Breton: Arcanum 17. Berlin: Matthes & Seitz 1993

André Breton: L'amour fou. Berlin: Suhrkamp 2023

André Breton: Nadja. Frankfurt a. M.: Suhrkamp 2002

André Breton: Die Manifeste des Surrealismus. Reinbek bei Hamburg: Rowohlt 1986

André Breton und Philippe Soupault: Les champs magnétiques/Die magnetischen Felder. Heidelberg: Wunderhorn 1990

Peter Bürger: Der französische Surrealismus. Frankfurt a. M.: Suhrkamp 1996

Leonora Carrington: Das Haus der Angst. Berlin: Suhrkamp 2019

Leonora Carrington: Das Hörrohr. Roman. Berlin: Suhrkamp 2019

Leonora Carrington: Die Windsbraut. Bizarre Geschichten. Hamburg: Edition Nautilus 2009

Whitney Chadwick: Women Artists and the Surrealist Movement. London: Tames & Hudson 2021

René Crevel: Der schwierige Tod. Berlin: Suhrkamp 2016

Nana Kintz: Flecken, Fäkalien, Fetische. Religion und Kirche als künstlerischer Motor von Dada und Surrealismus. München: Edition Metzel 2021

Pierre-Héli Monot: Hundert Jahre Zärtlichkeit. Surrealismus, Bürgertum, Revolution. 1924–2024. Berlin: Matthes & Seitz 2024

Alice Paalen Rahon: Shapeshifter. Gedichte Französisch/Englisch. New York: NYRB Poets 2021

Uwe M. Schneede: Die Kunst des Surrealismus. Malerei, Skulptur, Dichtung, Fotografie, Film. München: C.H.Beck 2006

Philippe Soupault: Das letzte Spiel. Heidelberg: Wunderhorn 1984

Philippe Soupault: Der Neger. Heidelberg: Wunderhorn 1982

Werner Spies: Max Ernst und die Geburt des Surrealismus. München: C.H.Beck 2019

Surrealismus in Paris. Berlin: Hatje Cantz 2011

Bildnachweis

1: VG Bild-Kunst, Bonn 2024/Foto nach Werner Spies, Max Ernst und die Geburt des Surrealismus, München 2019
2: © VG Bild-Kunst, Bonn 2024
3: © Salvador Dalí, Fundació Gala-Salvador Dalí/VG Bild-Kunst, Bonn 2024/akg-images
5: © VG Bild-Kunst, Bonn 2024
6: © Man Ray 2015 Trust/VG Bild-Kunst, Bonn 2024
7: © akg-images/Album
8: © VG Bild-Kunst, Bonn 2024
9: © bpk/CNAC-MNAM/Philippe Migeat
10: © VG Bild-Kunst, Bonn 2024/akg-images
11: © VG Bild-Kunst, Bonn 2024
12: © Salvador Dalí, Fundació Gala-Salvador Dalí/VG Bild-Kunst, Bonn 2024/akg-images/Album/sfgp
13: © Salvador Dalí, Fundació Gala-Salvador Dalí/VG Bild-Kunst, Bonn 2024/akg-images
14: © Salvador Dalí, Fundació Gala-Salvador Dalí/VG Bild-Kunst, Bonn 2024/akg-images
15: © VG Bild-Kunst, Bonn 2024/akg-images
16: © VG Bild-Kunst, Bonn 2024/akg-images/Album/sfgp
17: © VG Bild-Kunst, Bonn 2024/akg-images
18: © VG Bild-Kunst, Bonn 2024/akg-images
19: © VG Bild-Kunst, Bonn 2024/Foto:Digital image, The Museum of Modern Art, New York/Scala, Florenz
21: © Bettmann/Getty Images
22: © VG Bild-Kunst, Bonn 2024/akg-images/André Held
23: © VG Bild-Kunst, Bonn 2024/akg/De Agostini Picture Lib.
24: © The Estate of Dorothea Tanning/VG Bild-Kunst, Bonn 2024/akg-images/Jean-Claude Varga
25: © VG Bild-Kunst, Bonn 2024

Personenregister